Lilian Karina · Lena Sundberg

Modern Dance

Geschichte · Theorie · Praxis

Henschel Verlag

Umschlag:
Birgit Åkesson in »Blauer Abend«

Übertragung aus dem Schwedischen von Hans-Jürgen Hube

ISBN 3-362-00618-3
© der deutschsprachigen Ausgabe
    Henschel Verlag GmbH, Berlin 1992
    Originalausgabe: FRIDANS. Den modernistiska dansens utveckling
© 1989 Naturia Förlag AB och författarna, Stockholm

1. deutschsprachige Auflage · 16/92
Lektorat: Frauke Jenssen
Gestaltung: Wolfgang Ritter
Satz: erdmann · Satz & Layout
Druck: Druckhaus Berlin-Magazinstraße GmbH

Inhalt

1	**Einleitung**	**7**
2	**Historische Übersicht – einige Entwicklungsetappen**	**10**
3	**Die Hauptvertreter des Modern Dance**	**18**
	Die amerikanischen Pioniere des Modern Dance	22
	In Mitteleuropa entsteht der Ausdruckstanz	26
	Die europäischen Pioniere	46
	Die Schüler Denishawns	48
	Die zweite Generation in Europa	52
	Die dritte Generation in den USA	55
	Modern Dance im Europa der Nachkriegszeit	58
	Modern Dance in Schweden	60
	Postmoderner Tanz und das neue Tanztheater	67
4	**Charakteristische Merkmale und Terminologie**	**75**
5	**Einige Betrachtungen aus tanztechnischer, anatomischer und physiologischer Sicht**	**83**
6	**Die Bildsprache des Tanzes**	**87**
7	**Zehn Ratschläge an alle Tanzenden**	**89**
8	**Begriffliche Erläuterungen**	**96**
9	**Musik**	**100**
	Historische Zusammenhänge	101
10	**Literaturverzeichnis**	**103**
	Videofilme	105
11	**Personenregister**	**106**

1 Einleitung

Modern Dance als Begriff kann auf verschiedene Art und Weise interpretiert werden, und der Ausdruckstanz als Unterrichtsfach beinhaltet unterschiedlichste Momente, die – jedes für sich – bereits ein eigenes, großes Fachgebiet umfassen; es geht zum Beispiel um die Technik, charakteristische Züge, Improvisation und eigenes Schöpfertum, um den weiteren Zusammenhang zur Musik, Geschichte und Entwicklung sowie zur Anwendung der Bewegungslehre und Anatomie überhaupt.

»Modern Dance in seiner artistischen Form verwendet die Bewegungen auf eine sehr bewußte und formgebundene Art und Weise. Modern Dance verwandelt unfreiwillige Bewegungen, die eigentlich für den ganz alltäglichen Ausdruck verwendet werden, in freiwillige, rhythmische Bewegungen. Er benutzt die natürlichen motorischen Impulse als eine Art Sprungbrett; sie werden verändert, vergrößert oder verringert, bis der gewünschte Ausdruck in der Bewegung eine artistische Form erhält.«
(Erick Hawkins)

Die Geschichte des Modern Dance ist in diesem Buch in drei Abschnitte gegliedert:

Zuerst folgt eine chronologische Übersicht, an der man die Entwicklung des Modern Dance in Rußland, Mitteleuropa, den USA und Schweden parallel ablesen kann. Wir haben hierbei nur die einzelnen Entwicklungsetappen markiert und diejenigen Hauptvertreter ausgewählt, die wir für stilbildend halten.

Biografien über die Pioniere des Modern Dance und seine wichtigsten Repräsentanten bis in unsere Tage schließen sich an.

Drittens folgt ein vertiefender Abschnitt, der die Entwicklung in Mitteleuropa behandelt, wobei die Beziehungen des Modern Dance zur bildenden Kunst, zu den kulturellen und philosophischen Richtungen sowie zu den politischen Geschehnissen betont werden.

Herzlichen Dank schulden wir der Prorektorin Gun Roman und Davor Kajfes, die uns mit Rat und Tat zur Seite gestanden haben, Åsa Lindén und Ulf Bergqvist (Naturia Förlag/Studiefrämjande) für ihre Unterstützung bei der Arbeit am Manuskript, sowie dem Tanzmuseum in Stockholm, wo Lilavati und Bengt Häger uns halfen, und schließlich Monika Schneider vom Tanzarchiv Leipzig.
                                                             Die Autoren

9. Puvigné　　　**10. Vestris**　　　**11. Mad. Bacelly**

13. Lady Hamilton　　　**14. Maria Vigano**　　　**15. Maria Vigano**

Die ersten Revolutionäre des Tanzes im 18. Jahrhundert. Maria Vigano tanzt, leicht bekleidet, in losen Röcken.

Die Ähnlichkeit mit Isadora Duncan, mehr als 100 Jahre später, ist frappierend.

82. Isadora Duncan

83. Isadora Duncan

84. Ruth St. Denis

86. Clotilde von Derp-Sacharoff

87. Clotilde von Derp-Sacharoff

88. Ronny Johannson

Diese Seiten sind einem Sammelalbum
für Tanzfotos entnommen, die der deutsche
Zigarettenhersteller Garbáthy in den 20er Jahren
jedem Zigarettenpäckchen beifügte.

2 Historische Übersicht – einige Entwicklungsetappen

Rußland

Um 1900: Rußlands Avantgarde auf dem Gebiet der Malerei, darstellenden Kunst, Musik und Literatur ist bereits um die Jahrhundertwende auf ihrem Höhepunkt. Serge Djagilew, einer der Förderer neuer Ausdrucksformen, wurde 1899 künstlerischer Leiter an der Opern- und Ballettbühne des Zaren, am Marinskij-Theater in St. Petersburg. 1901 quittierte er seinen Dienst; der Grund waren Unstimmigkeiten und Spannungen.

1904: Als Isadora Duncan ihre Tanzabende in St. Petersburg gab, traf sie auf ein Publikum, das sich leidenschaftlich für alle Neuerungen engagierte.

1905: Einige hervorragende Tänzer des zaristischen Balletts schließen sich der Revolution an. Mit Anna Pawlowa an der Spitze treten sie in einen Streik und verlangen Mitbestimmungsrecht u. a. in Fragen der künstlerischen Arbeit und des Repertoires.

1907: Die Thesen Fokins über die Erneuerung der Ballettkunst werden am Marinskij-Theater nicht akzeptiert.

1909: Die besten Tänzer verlassen die Marinskij-Bühne und schließen sich Djagilew an.

1909: Bei einem Gastspiel in Paris etabliert Djagilew die russische avantgardistische Ballettkunst; Musik und Szenographie formieren sich.

1905–10: Der russische Maler und Konzerttänzer

Mitteleuropa

2. Hälfte des 18. Jahrhunderts: Noverre, der große Schöpfer des dramatischen Balletts, gibt seine »Lettres sur la dance« heraus, das erste analytische Werk der modernen Tanzgeschichte. Ihn inspiriert die Tänzerin Marie Sallé, die ohne die beschwerliche Kleidertracht auftritt. Noverre hat viele Nachfolger, u. a. den großen italienischen Choreographen Salvatore Vigano. Er und seine Gattin, Maria Medina, sind die Sensation in Wien 1793-1795. Ihre Tänze waren von den Skulpturen der Antike beeinflußt; die Kleidung simulierte Nacktheit.

19. Jahrhundert: Die antiautoritäre Pädagogik trägt dazu bei, daß sich eine neue »kreative Gymnastik« durchsetzt.

1875: Die Theosophie entsteht, Einflüsse des Hinduismus, Buddhismus, der Meditation, östlicher Bewegungsrituale (Yoga) und Atmungstechnik stehen im Vordergrund und finden große Verbreitung besonders in Österreich und der Schweiz. Die neue Richtung prägt die Kunst der Avantgarde.

Um 1910: Der Anthroposoph Rudolf Steiner entwickelt die Eurhythmie, eine selbständige Tanztherapie.

Nach 1910: Dalcroze beeinflußt mit seiner Technik »Solfége« die Gymnastik, die sich immer weiter dem Tanz und der Musik nähert. »Solfége« beinhaltet Gesangsübungen, um den Zusammenhang zwischen musikalischem Gehör und Stimmbändern herzustellen.

▽
Seite 12

▽
Seite 12

USA

19. Jahrhundert: Das Bewegungsausdruckssystem des Franzosen Delsarte erobert die USA. Seine Nachfolger schaffen die Methodik für eine Tanz- und Körperkultur, die von der Bewegungsauffassung östlicher Kulturen beeinflußt ist. Die »Callisthenics« entstehen, eine Tanzform aus England, speziell für (weiße) Frauen. Loie Fuller geht auf diese Technik zurück; sie ist eine Vorläuferin der Isadora Duncan und tanzt im Stil des »Rayonismus«, einer Art Strahlenkunst. Loie Fuller wird »die tanzende Evangelistin des Lichts« genannt und will die revolutionierenden Entdeckungen der Wissenschaft in ihrer Tanzkunst ausdrücken. Dabei wird sie inspiriert von den Möglichkeiten der Elektrizität sowie von der Entdeckung des Radiums und Poloniums. In ihrer Tanzdeutung verschmilzt alles zu einem neuen, phosphoreszierenden Lebenserlebnis.

Jahrhundertwende: Auch Isadora Duncan kommt aus dieser Schule; sie will jedoch auch die Lebenssicht des antiken Griechenland versinnbildlichen, indem sie Schönheitskult und Körperbewunderung gleichsam zu ihrer choreographischen Religion erhebt. Ihr barfüßiger Tanz wiegt sich auf den Wogen von Chopins, Mendelssohns und Wagners traumgleichen Klangerlebnissen. Zur Marseillaise tanzt sie und verkündet die Frauenemanzipation und eine radikale sozialistische Botschaft. Ruth St. Denis entstammt demselben Kreis; sie stilisiert östliches (indisches) Bewegungsmaterial in Form und Inhalt nach europäischem Geschmack. Ihr Partner Ted Shawn kämpft in den USA für die männliche Tanzkunst und verfaßt eine Schrift über Delsartes Methodik (»Every Little Movement«).

Schweden

1900: Isadora Duncan gastiert 1906 in Stockholm; Anna Behle studiert in Berlin bei der Duncan und bei Emile Dalcroze.

1907: Anna Behle eröffnet ein Plastik-Institut in Stockholm; sie sieht im Tanz, in Übereinstummung mit der Frauenbewegung, eine Kunstart, die alle ausüben dürfen.

1911: Dalcroze tritt in Stockholm auf.

1913: Fokin gastiert in der Königlichen Oper Stockholm und präsentiert neue schöpferische Ideen im Bühnentanz.

20er Jahre: Rolf de Marés Schwedisches Ballett debütiert im Zeichen des Modernismus in Paris; bekannte Künstler wirken mit.
Gabo Falk, eine Elevin der Anna Behle und später geprüfte Dalcroze-Lehrerin, leitet Schwedens wichtigste Schule des neuen Tanzes. Gemeinsam mit ihrer Schwester Jeanna Falk entwickelt sie Dalcrozes Ideen über Kindertanz weiter. Jeanna wurde von Mary Wigman ausgebildet und war Lehrerin an der Wigman-Schule.
Ronny Johansson, eine bekannte avangardistische Ballettsolistin, macht Tourneen durch Europa und die USA; sie wurde bei Heinrich Kröller in München geschult und war in ihrer Tanzkunst stark von den Schwestern Wiesenthal aus Wien beeinflußt.

30er Jahre: Die russische Pädagogin Vera Alexandro-

Nishinski: »Nachmittag eines Fauns«, Paris 1912

Alexander Sacharoff gehört zum Kreis um Kandinski in München (»Der blaue Reiter«).

1912: Die revolutionierende Choreographie in Europa ist Nishinskis »Nachmittag eines Fauns«.

1913: Den Durchbruch erreichen Nishinski/Strawinsky mit »Frühlingsopfer«. Die Revolution des russischen Bühnentanzes ist vollendet.

Die 20er Jahre: Viele politische Faktoren tragen dazu bei, daß der russische Avantgardismus im Heimatland verstummt. Isadora Duncans Traum einer Tanzschule für die Kinder einfacher Leute wird zwar verwirklicht,

Dalcroze will dementsprechend einen musikalischen Bewegungssinn entwickeln.

1910–1920: Rudolf von Laban schafft den »reinen« Tanz, parallel zur Entstehung der nonfigurativen Kunst und zu den allgemeinen Tendenzen in Kunst und Metaphysik. Seine Analysen bilden später das System einer Tanztheraphie und einer Notierung von Bewegung im Tanz: die Laban-Notation.

20er Jahre: Mary Wigman wird die erste Repräsentantin des neuen deutschen »Tanzkults«. Jean Weidt, Solist und Choreograph, genannt der »rote Tänzer«, kann als der erste Repräsentant eines politisch engagierten und sozialkritischen Tanztheaters betrachtet werden. Valeska Gert, die in Kontakt mit dem Dada-Kult in Berlin steht, wird die Schöpferin der Tanzsatire mit sozialkritischem Einschlag. Kurt Jooss schafft das moderne dramatische Ballett antimilitaristischer Prägung (Der grüne Tisch).

20er und 30er Jahre: Unter den herausragenden Wigman-Schülern sind zwei große Bühnentänzer zu nennen: Harald Kreutzberg und Gret Palucca. Letztere gewinnt großen Einfluß auf die moderne Kunst überhaupt. Ihre Schule in Dresden, gegründet 1925, besteht noch heute. Der »neue« Tanz erobert ein Millionenpublikum vornehmlich durch Labans »Laientanz«. Eine neue Art des Professionalismus wächst heran; nun ist der Künstler Bühnentänzer, Pädagoge und Choreograph in einer Person. Die Schweizerin Suzanne Perrottet, anfänglich Rhythmiklehrerin bei Dalcroze, wird neben Mary Wigman Labans wichtigste Mitarbeiterin in Zürich. Die Elevin und Assistentin bei Perrottet, Trudi Schoop, ist an der Entwicklung der Tanzsatire vom Dadaismus bis zum modernen Tanztheater beteiligt.

Gertrud Bodenwieser ist die Hauptvertreterin des österreichischen Expressionismus: Tänzerin, Pädagogin mit eigener Schule in Wien und Choreographin. Am bekanntesten wird ihr Gruppen-Werk »Dämon Maschine«.

1930–1950: Martha Graham, die große Choreographin, entdeckt, beeinflußt von Sigmund Freud, die Kraft des Unterbewußtseins und in Anlehnung an Theorien von Jung unsere Sehnsucht nach Mythen und Symbolen. Sie schafft ein Trainingssystem, das die Welt erobert: eine Mischung aus eigenen choreographischen Visionen und Yoga, umgesetzt in eine pädagogische Methode.

Doris Humphrey eröffnet neue Dimensionen in der Choreographie des modernen Ausdruckstanzes; sie werden bedeutsam für den Siegeszug dieser Tanzrichtung in der heutigen Form.

Bei allen herausragenden Schöpfern des Modern Dance in den USA fließen später Einflüsse dreier unterschiedlicher Lager zusammen.

1. Katherine Dunham entwickelt in den dreißiger Jahren die »schwarze« Choreographie und ein neues Trainingssystem, bei uns Jazzballett genannt, das vor allem den Enthusiasmus der Amateure weckt (1950–1960).

2. Jerome Robbins findet 1957 durch die Choreographie zur »West Side Story« einen neuen maskulinen, typisch amerikanischen Bewegungsausdruck, der sich an die Jugend (auch der Straße) wendet und dazu beiträgt, daß Dunhams neuer USA-Bühnentanz auch außerhalb der traditionellen Gruppen des Modern Dance verbreitet wird.

3. Alwin Nikolais repräsentiert in den sechziger Jahren die auf »Massenmedien« bezogene Choreographie.

Die Arbeiten dieser drei Vertreter wachsen auf bemerkenswerte Weise in das elektronische Zeitalter hinein.

50er–60er Jahre: Anna Halprin inszeniert Dance Happenings in San Francisco. Merce Cunningham schließt sich durch seine choreographischen Arbeiten an die Postmodernisten Cage, Warhol und Rauschenberg an und festigt so die Stellung des freien Tanzes in der Postmoderne. Er nimmt frühere Bestrebungen wieder auf, um die neuen Erkenntnisse der Physik tänzerisch zu deuten.

wa wirkt mit bei der Verbreitung des Tanzes in Kindergärten und regt auch Tanztherapien am Arbeitsplatz an. Birgit Åkesson studiert bei Mary Wigman. 1931 wird Julian Algo (Laban-Eleve) Ballettmeister und Chefchoreograph an der Königlichen Oper Stockholm. Lalla Cassels Schule repräsentiert das Streben nach »Gesundheit und Schönheit«, ähnliches propagierten damals die »Callisthenics«-Bewegung in den USA und »Kraft durch Freude« in Deutschland.

Birgit Cullberg studiert bei Kurt Jooss an der Dartington Hall in England; viele junge Tänzer suchen ihren Weg über Schulen des Modern Dance in Europa.

Trude Engelhard, Leiterin der Wigman-Schule in Berlin, und der hervorragende Tänzer Edgar Frank gelangen als politische Flüchtlinge nach Schweden. Nach großen Schwierigkeiten um Aufenthalts- und Arbeitserlaubnis unterrichten sie schließlich im Stil des künstlerischen deutschen Tanzes, ebenso die Laban-Schülerin Tonia Grahn.

40er Jahre: Birgit Cullberg und Ivo Cramér gründen das Schwedische Tanztheater; seither trainieren so gut wie alle schwedischen Vertreter des Modern Dance auch klassisches Ballett; viele klassische Tänzer fingen an, sich ebenfalls für den neuen Stil zu interessieren.

1949 beginnt Bengt Häger in Stockholm mit dem Aufbau eines Tanzmuseums, des ersten seiner Art in der Welt, für das eine Schenkung von Rolf de Maré den Grundstock bildet. Das Museum wird 1953 im Opernhaus untergebracht und in den sechziger Jahren verstaatlicht. Seit 1990 befindet es sich im »Haus des Tanzes«.

50er Jahre: Bereits 1950 erreicht Birgit Cullberg ihren großen Durchbruch mit »Fräulein Julie« nach dem Drama von August Strindberg. Premiere ist im Riksteatern, und danach wird die Inszenierung an der Königlichen Oper gezeigt.

50er–60er Jahre: Der schwedische Tanzpädagogenverband organisiert Sommerkurse mit Mary Wigman, muß aber bald scheitern. Ihr Vorbild hat jedoch Spuren hinterlassen – das gilt auch für die Tätigkeit von Dalcroze.

1920–1924: Lukin und Goleisowski standen u. a. für revolutionäres choreographisches Denken. Die Maschinentänze Foreggers veränderten die akademische Tanzästhetik unter dem Motto: »Die Musen sind Fabrikarbeiterinnen geworden und haben sich den Gewerkschaften angeschlossen«.

1925: Ein Parteidekret gibt die Richtung für alle Kunstarten an:
»… man muß eine Form finden, die von Millionen verstanden wird.«
Tatjana und Viktor Gsovsky kommen 1925 nach Berlin. Tatjana Gsovsky, die Tochter der berühmten russischen Vertreterin des »freien« Tanzes, Clawdia Issatschenko, beeinflußte die Entwicklung der deutschen Tanzkunst durch bemerkenswerte avantgardistische Choreographien, und Viktor Gsovsky wurde mit seiner Berliner Ballettschule ein einzigartiger Vermittler der zeitgenössischen russischen Ballettechnik. Sie prägten auch alle bedeutenden jüngeren Laban-Schüler.

Rosalie Chladek gilt als eine weitere Protagonistin des »freien« Tanzes: 1921–1924 in Hellerau-Laxenburg ausgebildet, entwickelt sie sich zu einer herausragenden Solistin und Choreographin, die einen sehr persönlichen Stil fand, weithin anerkannt als »Chladek-Technik«.

1937: In diesem Jahr verstummt der deutsche Ausdruckstanz Labanscher Prägung. Johannes Fischer-Klamt und Rolf Cuntz übernehmen Labans Leitungsfunktionen. In den »Meisterwerkstätten«, einer geplanten Hochschule, dominieren jetzt die Rassen- und Erblehren der Nazis und das diskriminierende »biologische Tanzdenken«. Andere Richtungen innerhalb des modernen Tanzes übernehmen nun die Rolle des Labanismus, dazu gehören u. a. Vertreter wie Jutta Klamt und Günther Schule, die sich auf Carl Orffs Musikschulwerk stützen.

60er–70er Jahre: Cunningham ist wegweisend für die neue Avantgarde innerhalb der Tanzkunst. An der Judson Memorial Church in New York wirkt 1962 eine Gruppe von Tänzern, die mit »performances« und »events« eine Moderichtung kreiert. Profis und Amateure vermischen sich; oft treten die Gruppen im Freien auf.

Der Begriff »performance« oder »performance art« wurde bereits in den 70er Jahren als Stilrichtung akzeptiert. Diese hatte ihre Wurzeln im Futurismus, Dadaismus, Surrealismus und Bauhaus-Stil. Sie steht für (oft anarchische) Ausdrucksformen, die sich nicht in etablierte Kunstformen einordnen lassen. Eine »performance« ist oft ein multimediales Werk mit Akteuren (auch Tänzern) innerhalb einer Ausstellung.

80er Jahre: In den 80er Jahren bevorzugt der moderne Tanz immer mehr Choreographien, die hohe Anforderungen an die technische Virtuosität der Tänzer stellen.

Tatjana Gsovsky und Sigurd Leeder als Gastdozenten.

60er Jahre: Das Choreographische Institut (jetzt: Tanzhochschule) wird gegründet; Initiatorin ist Birgit Åkesson, unterstützt von Bengt Häger und Karl-Birger Blomdahl. Erste Rektorin: Birgit Cullberg, die nach kurzer Zeit von Bengt Häger abgelöst wird; künstlerische Leiterin der choreographischen Abteilung wird Birgit Åkesson, Leiterin der pädagogischen Abteilung ist Lilian Karina. Von den Gastdozenten, die längere Zeit unterrichteten, seien Kurt Jooss, Lukas Hoving, Gret Palucca und Jean Cébron erwähnt.

Der Jazztanz breitet sich, ebenso wie der Amateurtanz, in Schweden immer mehr aus, vor allem durch die Initiative Lia Schuberts, die an der Stockholmer Ballettakademie mit Lehrern wie Walter Nicks, Vanoye Aikens und Clifford Fears wirkt. Moderne Choreographen wie Jerome Robbins und José Limón gastieren an der Königlichen Oper.

Das jetzige Cullberg-Ballett wird 1967 gebildet; 1968 entsteht das Cramér-Ballett.

Margareta Åsberg kommt in den USA in Kontakt mit dem postmodernen Tanz und bringt Anregungen mit zurück, die sie in ihre Arbeiten an der Königlichen Oper einfließen läßt.

70er Jahre: Die Tanzgruppen »Pyramiderna« (Margareta Åsberg) und »Vindhäxor« (Eva Lundqvist) werden die tonangebenden Modern-Dance-Gruppen in Schweden, ein Tanzzentrum wird von Interessengruppen für Tänzer, Choreographen und Pädagogen gegründet.

70er–80er Jahre: Mats Ek profiliert sich als Choreograph mit einer Reihe von Arbeiten für das Cullberg-Ballett. Ulf Gadd erarbeitet mit dem Ballett des Großen Theaters Göteborg avantgardistische Tanztheaterwerke.

80er Jahre: Mehrere jüngere Choreographen treten hervor, u. a. Susanne Håkansson, Mats Isaksson, Per Jonsson, Kenneth Kvarnström, Anne Külper und Efva Lilja.

121. Mary Wigman

122. Mary Wigman

123. Palucca

125. Palucca

126. Palucca

127. Vera Skoronel

Der neue deutsche Tanz wird zu einem Ritual, verkörpert von Mary Wigman. Er entwickelt seine eigene Technik, inspiriert von den explosiven Sprüngen der Palucca.

114. Niddy Impekoven   **115. Niddy Impekoven**   **116. Niddy Impekoven**

118. Mary Wigman   **119. Mary Wigman**   **120. Mary Wigman**

Der Kinder-Star Niddy Impekoven wurde
ebenso gefeiert wie Mary Wigman.

3 Die Hauptvertreter des Modern Dance

Zu Beginn des 20. Jahrhunderts entstand in Mitteleuropa und den USA ein besonderer Nährboden für eine neue, revolutionierende Entwicklung der Tanzkunst. Die neuen Erkenntnisse der Wissenschaft, die Emanzipationsbestrebungen der Frau und nicht zuletzt die bildende Kunst selbst beeinflußten in mehrfacher Hinsicht die Entwicklung des Tanzes.

Die Vorläufer dieser Richtung in der Tanzkunst, die frühen Vertreter des »freien« Tanzes, reagierten zunächst auf die »gekünstelten« Ausdrucksformen und Bewegungsmuster des klassischen Balletts. Man wollte dem Tanz einen natürlicheren Ausdruck verleihen und die Fähigkeiten des Körpers, sich frei zu bewegen, erweitern. So war man z. B. der Ansicht, daß Spitzenschuhe und Korsetts bei den Tänzerinnen vornehmlich die Bewegungsfreiheit behinderten. Der Tanz sollte wahre Bewegungen ausdrücken, ein Zusammenspiel psychischer und physischer Energien unter rhythmischen und räumlichem Aspekten sein!

Der »neue« Tanz, den wir nun Ausdruckstanz oder Modern Dance nennen wollen, entstand und entwickelte sich ungefähr gleichzeitig in ganz Mitteleuropa – vor allem in Deutschland, Österreich und der Schweiz – und in den USA. Es gab in den USA zu jener Zeit keine eigene klassische Ballettradition wie in Europa; der szenische Tanz kam dort am häufigsten in einfachen Kabarett-Darbietungen vor und bot oft nichts weiter als billige Unterhaltung und Zerstreuung. Die allerersten amerikanischen »freien« Tänzer scheinen indessen nur geringe Erfahrungen im klassischen Ballettraining gehabt zu haben. Aber sie hatten, genauso wie die zeitgenössischen europäischen Pioniere des Ausdruckstanzes, ein Ziel: sie wollten neue Formen des Tanzens schaffen und forderten, daß der freie Tanz als ebenbürtige künstlerische Ausdrucksform akzeptiert würde.

François Delsarte (1811–1897)

Eine große Quelle der Inspiration für die frühen Ausdruckstänzer in den USA war der französische Theoretiker Delsarte. Bis ins kleinste Detail hatte er den menschlichen Körper studiert – in allen denkbaren Situationen – und Theorien ausgearbeitet, die sich an Sprecher, Sänger und Schauspieler gleichermaßen richteten. Seine Schüler verbreiteten nach und nach seine Ideen, und die Tänzer übernahmen sie. Delsarte zergliederte den Körper und fand für die einzelnen Teile verschiedene Aspekte:

den intellektuellen sah er im Kopf, den emotionalen im Torso und den sensitiv-physischen in den Gliedern. Er unterstrich die Gegensätze. Das Verhältnis zwischen Spannung und Entspannung war ihm wichtig, und er forderte eine notwendige Ausgewogenheit zwischen beiden Zuständen. Diese Theorien, dazu seine Ideen über Richtung und Form der Bewegung, haben die späteren Vertreter des Ausdruckstanzes nachhaltig beeinflußt.

Gegen Ende des 19. Jahrhunderts waren Delsartes Vorstellungen in den USA verbreitet; eine Körperkultur entstand, die auch Inspirationen aus fernöstlichen Bewegungsauffassungen, mit der Atemtechnik im Zentrum, aufnahm. Ein Schülerin Delsartes, Geneviève Stebbins, war später die Lehrerin von Fuller, Duncan und St. Denis. Sie war auch stark vom englischen System »Callisthenics« geprägt, einer Mischung aus klassischem Ballett und Gymnastik und zunächst ausschließlich für weiße Frauen gedacht. Zu denen, die hier ebenfalls wichtige Impulse empfingen, zählten Isadora Duncan und später Ruth St.Denis, die zusammen mit Ted Shawn eine Schule in den USA etablierte, deren Grundlage die Pädagogik von Delsartes bildete. In Mitteleuropa vollzog sich seit längerem eine ähnliche Erforschung neuer Möglichkeiten der Bewegung. Daraus ergaben sich die neuen Bewegungsideen eines Rudolf von Laban, später unter Mitwirkung von Mary Wigman.

Emile Jaques-Dalcroze (1865–1950)
Dieser Schweizer Musikpädagoge arbeitete ein System aus, um die Bewegung in ein rhythmisches Verhältnis zur Musik zu bringen. Seine rhythmische Gymnastik prägte die Entwicklung des szenischen Tanzes nachdrücklich. Viele »freie« Tänzer, vor allem die Wigman, waren Schüler von Dalcroze; bei ihm trainierten sie ihre Rhythmussicherheit, komponierten Tänze ohne Musik oder mit einfachen Schlaginstrumenten, Lauten, Worten oder Silben als Begleitung. Dalcroze eröffnete auch eine Schule in St.Petersburg, die dazu beitrug, daß Vertreter des klassischen Balletts zu neuen Musikformen übergingen.

Auch Rudolf Steiner, der Begründer der Anthroposophie, hat die »schöpferischen« Tänzer mit seiner Eurhythmie inspiriert. Sie strebten danach, in der Bewegung den Inhalt von Poesie und Musik auszudrücken, stets jedoch mit der Absicht zu heilen.

Der früheste freie Tanz in den USA wird mitunter »primitiv« genannt, weil seine Verfechter eine Rückkehr zu den ursprünglichen, natürlichen Impulsen, Gefühlen und Gedanken des Menschen anstrebten. Dabei fehlte ihnen ein festes Bewegungsschema; das Ziel war nicht, technische Brillanz vorzuführen, sondern gefühlsbetonte Erlebnisse zu zeigen. Die selbstverständliche Folge war hierbei eine Erneuerung der ästhetischen Formen.

Rudolf Steiner (1861–1925)

Im Jahre 1913 gründete Rudolf Steiner die »Anthroposophische Gesellschaft« und in Dornach bei Basel eine Hochschule für die »freien Geisteswissenschaften«, das Goetheanum. Zuvor hatte er allerdings mit der Theosophischen Gesellschaft gebrochen. Steiners seit 1912 praktizierte Bewegungskunst und Tanztherapie nannte sich Eurhythmie: Laute, Worte, Poesie und Musik wurden in »raumgreifende Ausdrucksbewegungen«, in Ausdruckstanz umgesetzt. Damit war der Okkultismus auch für die Tanzkunst »stubenrein« geworden.

Die anthroposophische Ästhetik hat stets im Umfeld der modernen Kunst gestanden, auch der Tanzkunst. Der Grund dafür ist wohl auch in dem Wunsch der Anthroposophen zu suchen, eine in sich geschlossene, esoterische Sekte, ein Zusammenschluß von Glaubensanhängern, zu sein.

In der »prälabanistischen« Epoche, d. h. im Jahrzehnt nach 1910 bis zum Beginn der zwanziger Jahre, ehe die labanistischen Ideen siegten, stellten Steiners Lehren ein außerordentliches Reservoir für Mythen dar. Sie inspirierten herausragende, transzendental orientierte Künstler und wurden von ihnen auch angewendet.

Die Begriffe, durch die die Schöpfer des modernen Tanzes zweifellos angeregt wurden, waren nicht nur im Gefolge von Delsartes Methoden oder Freuds und Jungs Einsichten entstanden; es war vor allem Rudolf Steiner, der der Tanzkunst Metaphern und Symbole schenkte, Begriffe wie »Aura«, »Durchgeistigung«, »linear«, »alinear«, ja eine ganz eigene mythische Bedeutung der Dreieinigkeit »Körper-Seele-Geist«.

Die meisten schöpferischen Künstler schwankten in ihrer Einstellung zur Anthroposophie zwischen dem Glauben an Steiners Lehren und dem bloßen Verwenden von phantasieanregenden Metaphern, Bildern und Symbolen. Das erhielt besondere Bedeutung für ihr Schaffen, unabhängig davon, ob sie Steiners Erkenntnisse nun für beweisbare Wahrheit oder ein Glaubensbekenntnis hielten. Diese Begriffe appellierten einfach an das Gefühl und dadurch an ihre schöpferische Phantasie, an ihre Intuition. Sie förderten das Vertiefen des Tänzers in die Bewegung, gaben ihr eine meditative Qualität, die sich auf den Zuschauer übertrug. Das wurde oft verleugnet, aber allem Widerstand zum Trotz bereiteten sowohl Steiner als auch Dalcroze den Boden für Labans Werk.

Loie Fuller (1862–1928)

Diese amerikanische Tänzerin könnte man möglicherweise zu den allerfrühesten Vertretern des Modern Dance zählen. 1890 präsentierte sie ihren Tanz »Serpentine«, so genannt nach der Form, die entstand, als sie große Mengen dünner schleierartiger Tücher, mit denen sie drapiert war, in schwingender Bewegung hielt. Der Rhythmus ihres Tanzes wurde da-

Loie Fuller trat Ende des 19. Jahrhunderts
in sensationeller Kostümierung
und mit experimentellen Lichteffekten auf.
Zeichnung von Steinlen.

bei mehr von der Kostümierung als von der Körperbewegung gesteuert.
Loie Fuller war eine wahre Avantgardistin, und zwar dergestalt, daß sie
sich von dem für Tänzerinnen obligatorischen Korsett befreite, das den
Körper auf unnatürliche Weise einschnürte, und von den Schuhen, die eine natürliche Bewegung der Füße ausschlossen.

Loie Fuller glaubte, daß ihre Tanzkunst größere Möglichkeiten hätte,
wenn sie in Europa Anerkennung gewänne, und so kam sie 1892 nach Paris, wo sie in den Folies Bergère auftrat. Sehr interessiert war sie an den
neuen wissenschaftlichen Entdeckungen, u. a. an den Forschungen des
Ehepaars Curie auf dem Gebiet der Physik; sie hatte sogar zeitweise ein
eigenes Labor, in welchem sie selbst chemische Experimente vornahm.
Loie war fasziniert von »L'art nouveau«, der neuen Kunstrichtung auf

dem Gebiet der Malerei und Architektur. Oft verwendete sie bekannte Objekte in ihren stilisierten Tänzen. Der Dichter Anatole France und der Bildhauer Auguste Rodin waren große Bewunderer ihrer Bewegungskunst. Auf der Weltausstellung in Paris im Jahre 1900 trat sie in einem kleinen Theater auf, das speziell für ihre Auftritte errichtet worden war.

Die Fuller wurde als Sensation betrachtet; vor allem weckte ihr Interesse für die Auswirkungen des Lichts auf das Bühnenkostüm größte Aufmerksamkeit. Sie experimentierte mit verschiedenfarbigem Licht und erfand so eigene Lichtkonstruktionen, und als sie später mit ihrer Truppe auf Tournee ging, soll sie 50 Techniker beschäftigt haben! Isadora Duncan, eine große Bewunderin der Fuller, schreibt in ihren Memoiren über deren Kunst: »*Direkt vor unseren Augen verwandelte sie sich in eine vielfarbige, leuchtende Orchidee, in eine wogende, zerfließende Meeresblume und schließlich in eine spiralartige Lilie; ein Feenschauspiel bot sie aus Licht, Farben und schwingenden Formen. Welch wunderbares Genie, wenn sie sich vor dem Publikum in tausend schillernde Bilder verwandelte! Das war unglaublich. Das ließ sich nicht nachahmen, nicht beschreiben. Loie Fuller war der Ursprung aller Farbwechsel und flatternder Liberty-Tücher, war eine der ersten, die Lichteffekte und Farbwandlungen auf der Bühne verwirklichte.*«

Die amerikanischen Pioniere des Modern Dance

Isadora Duncan (1877–1927)

Es scheint Loie Fullers Kühnheit gewesen zu sein, die den amerikanischen Pionieren des »neuen« Tanzes den Weg bahnte. Isadora Duncan entwickelte nach einigen wenigen Ballettlektionen, unter anderem beeinflußt von der Delsarte-Bewegung, eine eigene Tanzphilosophie, die sich auf die natürlichen, spontanen Bewegungen (wie Laufen, Springen) verließ. Die Bewegungen sollten aus innerer Durchgeistigung geboren und von der Natur inspiriert sein; der Solarplexus wurde bei ihr das Zentrum der Bewegung. Sie improvisierte Tänze zu Musiken von Gluck, Chopin, Schubert und Wagner; anfangs trat sie vor geladenen Gästen in wohlhabenden Bürgerhäusern auf.

Ihr Debüt in Chicago wurde ein Fiasko, und so verließ sie 1899 ihre Heimat und fuhr nach Europa, wo sie größere Entwicklungsmöglichkeiten und mehr Resonanz auf ihren Tanzstil zu finden hoffte. Der Kunstgeschmack in den USA war in ihren Augen allzu konservativ und vulgär. Sie revoltierte nicht nur gegen das herrschende Tanz- und Theaterklima in den USA, sondern auch gegen das ganze soziale System, nicht zuletzt gegen die gesellschaftliche Stellung der Frau.

Mehr und mehr ließ sie sich von den neuen archäologischen Funden anregen, besonders von denjenigen aus der klassischen Periode. Auf griechischen Vasen fand sie ihre Motive für Tanzposen, kleidete sich in griechisch inspirierte Tuniken und versuchte Chöre aus antiken Dramen zu rekonstruieren, wenn sie später mit ihren Eleven auftrat. Von Loie Fuller übernahm sie die Anregungen für ihre Experimente und Lichteffekte. Ständig war sie erfüllt von ihrem Traum, eine große Tanzschule zu errichten, wo sie junge Eleven entsprechend ihren gefühlsorientierten, philosophischen Ideen erziehen und zu Tänzern ausbilden wollte. Mehrmals fand sie Schüler für solche Schulen, zuerst 1905 in Berlin, zusammen mit ihrer Schwester Elizabeth, wo sie kleine Gruppen von Kindern unterrichtete. Es fiel ihr jedoch schwer, die Schulen zu finanzieren, zumal sie meinte, der Unterricht für die Kinder müsse gratis sein.

Ihre Visionen und ihre als revolutionär empfundene Einstellung führten sie mit vielen zeitgenössischen radikalen Künstlern zusammen, mit Schauspielern, Musikern und Theaterleuten. Durch diese Kontakte fand sie immer wieder Möglichkeiten für Auftritte und organisierte Tourneen durch Europa, u. a. nach Paris, Budapest und Berlin, aber auch nach Rußland. Großen Eindruck hat die Duncan auf Fokin gemacht, der durch sie vielleicht in seinen neuartigen Ideen für die russische Ballettkunst bestärkt wurde. 1921 eröffnete sie eine eigene Schule in Moskau. Mehrmals kehrte Isadora Duncan in die USA zurück, wurde aber kühl aufgenommen. Auch ihre letzten Auftritte in der Heimat, 1922, waren anfangs erfolglos; das änderte sich jedoch, als sie vom Broadway in die Metropolitan-Oper zog. Beeindruckt von diesem relativen Erfolg, wollte sie nun eine Tanzschule in den USA aufbauen, fand jedoch nicht genug Schüler. So kehrte sie nach Frankreich zurück, wo sie den Rest ihres Lebens verbrachte, das tragisch endete: auf einer Autotour wickelte sich ihr langer Schal um ein Rad, und sie wurde erdrosselt.

Der Beitrag der Isadora Duncan zur Tanzkunst liegt sowohl auf der ideellen als auch auf der künstlerischen Ebene. Sie war eine große Agitatorin der eigenen Vorstellungen, wobei es ihr offenbar nicht leicht fiel, diese auf ihre Eleven zu übertragen; daher kann man von ihr kaum sagen, sie habe eine Schule begründet. Irma Duncan, eine ihrer ersten Elevinnen in Berlin und später ihre Partnerin, führte nach ihrem Tode die Moskauer Schule weiter. Und sie kam mit einer Gruppe dieser Schule auch zu Gastspielen in die USA, zog sich aber 1934 nach einem letzten dortigen Auftritt völlig zurück.

Isadora Duncan.
Zeichnung von José Clara

Ruth St.Denis (1879–1968)
Diese Tänzerin und ihr Partner und Mitarbeiter Ted Shawn schufen die Voraussetzungen für die weitere Entwicklung des modernen Tanzes in den USA, als sie die Schule »Denishawn« etablierten. Zu ihren Schülerin-

Ruth St. Denis hatte großes Interesse an Exotismus und Mystizismus, das in indisch inspirierten Tänzen zum Ausdruck kam.

nen zählten z. B. Martha Graham und Doris Humphrey. Ruth St.Denis teilte das Interesse der Isadora Duncan für die Posen und die Plastik des Delsarteschen Systems, ebenso für das Zusammenspiel von Sinn und Bewegung. Ihr Kindheitsmilieu war geprägt durch wissenschaftliche Interessen des Vaters und mystizistische Neigungen der Mutter, beides Faktoren, welche ihren Tanz beeinflußten. Sie selbst entwickelte eine geradezu überwältigende Neugier für das alte Ägypten und asiatische Kulturen. Bei Europabesuchen konnte sie ihre ethnischen Studien vertiefen; später kam sie in Berührung mit Yoga und dem klassischen japanischen Theater.

Anfangs Music-Hall-Künstlerin, komponierte St.Denis 1904 das erste orientalische Ballett, angeregt von einer Zigaretten-Anzeige mit ägyptischen Motiven. Seit 1906 folgten Tänze im selben Stil, oft religiös oder mystisch geprägt. Im Gegensatz zur Duncan zog sich Ruth St.Denis nicht vom volkstümlichen Vergnügungstheater in den USA zurück. Sie wollte auch dessen Publikum erreichen und hatte viel Sinn für das Spektakuläre, Theatermäßige in den Kostümen. Und sie vermittelte nicht zuletzt einen Tanzstil, der sehr sensuell war. Sehr erfolgreich wurde eine drei Jahre dauernde Europatournee, u. a. mit Auftritten in Berlin und Wien. Eine Art Meilenstein in der Entwicklungsgeschichte des Modern Dance in den USA war dann im Jahre 1909 erreicht, als Loie Fuller, Isadora Duncan und Ruth St.Denis – jede mit ihrem speziellen Stil – in New York auftraten.

Ted Shawn (1891–1972)

In den ersten Jahren nach der Jahrhundertwende waren in den USA selten Männer im sogenannten künstlerischen Tanz anzutreffen – in den Balletten traten Frauen in Männerrollen auf. Ted Shawn überredete man, Ballettlektionen zu nehmen, und als er Ruth St.Denis bei einem Auftritt erlebt hatte, begab er sich nach Los Angeles, um einen Lehrer für modernen Tanz zu finden. Stattdessen fand er selbst Eleven und konnte dort eine Schule gründen. Hier in Los Angeles begannen gerade die ersten filmischen Versuche, und Ted Shawn schuf eine der ersten Choreographien für das neue Medium.

Ted Shawn wurde der Bahnbrecher des »male« Modern Dance in den USA.

Ruth St.Denis und Shawn trafen sich 1914; er hatte sie aufgesucht, um Privatstunden zu nehmen. Sofort wurde er für eine Tournee engagiert, die sie mit ihrer Truppe plante, und im selben Jahre heirateten die beiden. Shawn war es wohl, der die Initiative zur Gründung der berühmten Denishawn-Schule ergriff. 1915 in Los Angeles eröffnet, wurde sie tonangebend für die Entwicklung des amerikanischen Bühnentanzes in den nächsten fünfzehn Jahren. Der Schwerpunkt lag auf dem modernen Tanz, aber es fand auch ein umfassender Unterricht in anderen Tanzstilen statt. Hauptsächlich scheint es Shawn gewesen zu sein, der für Unterweisung und Organisation zuständig war, während St.Denis die geistige Atmosphäre bestimmte. Ringsum in den USA etablierten sich nun in rascher Folge Tochterschulen, aus der Denishawn-Schule ging eine Tanzgruppe hervor, die bis 1932 Tourneen absolvierte.

Zu Beginn der dreißiger Jahre, als das Hauptquartier nach New York verlegt worden war, schloß man »Denishawn«. Shawn bildete nun 1932 sein eigenes Tanzstudio. Auf einer Europareise kam er durch einen Wigman-Eleven, wahrscheinlich Jean Weidt, mit dem deutschen »freien« Tanz in Kontakt, und wenn er selbst mit dem deutschen Stil nicht gerade sympathisierte, so war er doch sehr daran interessiert, neue Ideen an seine Schule zu bringen.

Ted Shawn bemühte sich sehr, den bis dahin von Frauen beherrschten modernen Tanz für Männer attraktiv zu machen. Er träumte davon, 500 junge Männer an einem College für den Tanz zu begeistern. 1935 entstand eine Gruppe von 14 Mitwirkenden, die All Male Dancers Group. Sieben Jahre war er mit dieser nur aus Männern bestehenden Truppe auf Tourneen, zu deren Repertoire ethnische Tänze, Arbeitstänze, religiöse Tänze und viele mit amerikanischen Themen gehörten. Shawn kaufte 1933 die Farm »Jacob's Pillow« in Massachusetts, aus der er später ein Tanzstudio und ein Zentrum für regelmäßig organisierte Festivals machte. Noch immer zieht »Jacob's Pillow« Tänzer aus der ganzen Welt an. Bis in die sechziger Jahre hinein war Ted Shawn selbst als Tänzer aktiv.

25

In Mitteleuropa entsteht der Ausdruckstanz

**Aus einem Vortrag
von Lilian Karina**

Aus einem Chaos von Richtungen und Gegenrichtungen, von einander bekämpfenden Glaubensvorstellungen, von humanistischen Idealen, Okkultismus und Anarchie gingen zu Beginn unseres Jahrhunderts in Mitteleuropa die Rituale des »freien« Tanzes hervor.

Die neuen Kunsttendenzen entstanden und wuchsen während der ersten zwei Dezennien des 20. Jahrhunderts im Kampf um die Sinne der Menschen, und zwar bei dem gigantischen Versuch, alles Bestehende zu stürzen. Es war nicht nur der Protest gegen erstarrte Normen und festgelegte Auffassungen und Regeln, sondern auch ein Angriff gegen die Mächte, die mit allen Mitteln ihrer autoritären Disziplin die Tradition verteidigten, eine Tradition, die auch Krieg und Zerstörung als Mittel einschloß, um die nationale Integrität der Gesellschaft zu sichern.

Die Revolution des Tanzes, wie die der schönen Künste überhaupt, bereitete sich unter der Oberfläche seit mehr als hundert Jahren vor, ehe sie sich in Deutschland Bahn brach, und zwar in den tänzerischen Aussagen Rudolf von Labans und Mary Wigmans; in wenigen Jahren, von 1933 bis 1937, bekam sie auch politische Dimensionen und geriet auf den Weg, ein neues politisches Glaubensbekenntnis einzugehen.

Rudolf von Laban, eigentlich Laban Rudolf Varaljai, wurde 1879 in Ungarn geboren, und zwar in Pozsóni, später Preßburg, heute Bratislava (Tschechoslowakei). Ungern berichtete er über seine Jugendjahre, die deswegen ganz unbekannt geblieben sind. Eigenen Angaben zufolge lebte er von 1900 bis 1907 als Kunststudent und Berufstänzer in Paris, von 1907 bis 1910 dann in Deutschland und Wien. Seine erste Schule für künstlerischen Tanz eröffnete er 1910 in München; seinen ersten Sommerkurs leitete er 1912 auf dem Monte Veritá (Berg der Wahrheit) in der Nähe des Fischerdorfs Ascona am Lago Maggiore in der Schweiz.

Mary Wigman hieß eigentlich Marie Wiegmann und wurde 1886 in Hannover als älteste Tochter einer wohlsituierten bürgerlichen Familie geboren. Ihr Vater war Fahrradhändler, ihre Kindheit und Jugend verliefen harmonisch, stets aber war sie von dem Traum beherrscht, etwas Bedeutendes zu werden.

Meister und Jünger

Als Mary Wigman im Jahre 1909 Dalcroze-Eleven ihre getanzten rhythmischen Etüden vortragen sah und und einen Auftritt der walzertanzenden

Schwestern Wiesenthal auf einer Bühne in Hannover erlebte, wußte sie, daß sie sich von nun an dem Tanzen widmen würde. Sie ließ sich nach des Vaters Tod ihr Erbe auszahlen und für den später so berühmten ersten Jahreskurs einschreiben, den der Schweizer Musikpädagoge Jaques-Dalcroze in der neuen Rhythmik-Schule in Hellerau-Laxenburg bei Dresden abhielt.

Sehr bald entdeckte sie, daß Dalcrozes System ihr nicht jenen künstlerischen Ausdruck zu geben vermochte, den sie suchte. Da hörte sie von Rudolf von Laban, der in München unterrichtete, und fuhr im Sommer 1913 ins schweizerische Ascona. Bei Laban fand sie alles, wonach sie sich gesehnt hatte. So wurde sie Tänzerin. Mit 26 Jahren begann sie jene Ausbildung, die sie schließlich weltberühmt machte.

Für die umwälzenden Veränderungen des Tanzes in diesem unserem Jahrhundert zeichnet nicht zuletzt Rudolf von Laban verantwortlich, aber seine Schülerin Mary Wigman ist auf unlösliche Weise mit seiner erneuernden Arbeit verbunden. Laban gelang es, die Prinzipien und Theorien für die Entstehung einer neuen Bewegungskunst in Mitteleuropa zu formulieren. Seine Analysen bildeten jedoch nie ein einheitliches Trainings-, Tanz- oder Bewegungssystem. Sie stellten stattdessen eine Art Bildsprache dar, die sich an ein neues Bewegungsbewußtsein wandte, das die Eleven ihre eigene tänzerische Phantasie entdecken ließ, ja ich wage zu sagen, auch ihren Mut stärkte, schöpferisch zu sein, sich von Konventionen, Verklemmungen und ästhetischen Traditionen zu befreien. Mit Labans Hilfe konnten sie neue psychische Eigenschaften in sich selbst finden, Kanäle zu einem bislang von Tänzern kaum analysierten kinetisch-ästhetischen Sinn, der zu einem ungehemmten Bewegungsausdruck führen konnte. Außerdem schien all dies erreichbar, ohne den Körper einem streng disziplinierten Trainingssystem unterzuordnen, wie dies die klassischen starren Stil- und Bewegungsmuster des Balletts vorschrieben, mit deren Aneignung schon in frühester Kindheit begonnen werden mußte.

Die Befreiung der Tanzkunst

Große Tanzkünstler hatten bereits vor Labans Zeit ähnliche Wege beschritten und versucht, den Bühnentanz von allen bedrückenden gesellschaftlichen Bürden zu »befreien«, d. h. von schweren Kostümen, hohen Perücken und Schuhen, die jegliche ungezwungene Bewegung hinderten.

Sie hatten es auch unternommen, die Tanzkunst von den traditionellen Schritten, Formationen und choreographischen Mustern zu lösen, von allem, was den Eindruck einer steifen, hierarchischen Gesellschaft und einer traditionellen Bindung der Tanzkunst an den »Tanz höherer Stände« vermittelte, an einen Tanz, der die Privilegien der dominierenden Klasse und den Willen des Hofes betonte, die Mitglieder des eigenen Standes über den Rest der Menschheit erhoben zu sehen.

Jean-Georges Noverre war der erste große Ballettschöpfer, der während der Aufklärung im 18. Jahrhundert ein konsequent dramatisches Handlungsballett ins Leben rufen und die eigentliche Körpersprache zu ihrem Recht kommen lassen wollte. Dabei wurde er augenscheinlich von einer jungen, begabten Tänzerin inspiriert: Marie Sallé, die er während ihres Gastspiels in London sah. Alle steifen Kleidungsstücke hatte sie abgeworfen und tanzte barfuß, nur mit einem kurzen Gewand, einem Kiton, nach griechischem Vorbild bekleidet. Dies vermittelte dem großen Noverre den ersten Impuls, in der Tanzkunst die Sprache des Körpers dominieren zu lassen. Aber er arbeitete und wirkte bei Hofe in einer Zeit, die es kaum zuließ, den Schritt bis zu Ende zu gehen, zumindest nicht, wenn es um die Frauen, um deren Körper und deren monströse Kostümierung ging.

Mehr als 100 Jahre später war es Isadora Duncan, die den von schwerer Kleidung und steifem Schuhwerk befreiten Barfußtanz kreierte. Sie war außerdem wohl die erste, die von der Bühne herab eine politische Botschaft zu verkünden wagte, und es war dies eine aufrührerische. Nachdem sie nach den Klängen der Marseillaise, dem Lied der Revolution, getanzt hatte, pflegte sie eine Rede über die Frauenbefreiung und das Herannahen einer großen Revolution zu halten.

Es war schließlich Rudolf von Laban, der das Problem des neuen Tanzes sozusagen von innen her anpackte, ausgehend von den ureigenen Bedingungen der Bewegung, von Nerven und Muskeln, von der Beziehung zur Gravitation, von allen dynamischen Schwingungen der Bewegung in Zeit und Raum, von Spannung und Entspannung – all dies wahrgenommen von der »Körpermitte aus«, wie er es auszudrücken pflegte.

Mary Wigman, seine Schülerin, sah im Tanz ihre Lebensberufung; ihr Bewegungsgenie wurde sein Instrument, sein Versuchsfeld, um seine Gedanken verwirklicht zu sehen. Sie wurde sein fast spiritistisches Medium, das seine Phantasien visualisierte.

Gedanken und Ideen

Welches waren die Gedanken, Glaubensvorstellungen, Ideen, »Trends«, die in jener Zeit, die übrigens in so vielem der unseren gleicht, als Antworten auf alle Lebensrätsel angeboten wurden? Fanatische Anhänger von Religionen verkündeten sie, und messianische Botschafter vertraten sie, und zwar jeder mit dem Anspruch, im Besitze der alleinigen Wahrheit zu sein.

Beginnen will ich mit den wichtigsten Ideen, mit denen Laban und später Wigman seit der Jahrhundertwende bis in die Zeit nach dem ersten Weltkrieg konfrontiert wurden.

Will man Labans Werk aufrichtig beurteilen, ist man genötigt, dasjenige Steiners zu kennen, obwohl dessen Einfluß, meist aus politischen

Gründen, später hartnäckig geleugnet wurde, genau wie Dalcrozes Wirkungen, obwohl so gut wie alle Eleven Labans bei ihm begonnen hatten.

Rudolf Steiners Anthroposophie, ihrerseits aus der Theosophie hervorgegangen, war in dessen Version eine weltanschauliche Lehre, die Züge des Hinduismus, Buddhismus und des christlichen Okkultismus trug. Steiner hat den antiken Begriff der Eurhythmie neu belebt, der ursprünglich die rhythmische Weltordnung und die darauf beruhende Bewegungsharmonie bezeichnete. Steiner beschäftigte sich auch mit »Clairvoyance« (Hellseherei) und Spiritismus und glaubte selbst an Seelenwanderung und Reinkarnation.

Der Expressionismus forderte zur Kunst des beseelten Ausdrucks (»Kunst des reinen Ausdrucks«) auf, zur Malerei, die des Künstlers Intuition auszudrücken wagte und seinen Ängsten, Neurosen und manischen Vorstellungen freien Lauf ließ. Zudem waren da die neuen Forderungen der Malerei nach einer »absoluten« Kunst, nach abstrakter, nonfigurativer Kunst, welche sozusagen die wahre, magische Sphäre der Kultur ausdeuten könne: in der Malerei waren es Farbe, Form und Komposition ohne andere Hilfsmittel als das Material selbst! Es sollte also eine Malerei sein, die weder Natur, noch Menschen, noch Gegenstände zum Vorbild nahm.

Da waren die fernöstlichen Glaubenslehren über Körper und Seele und den Zusammenhang zwischen Kosmos und Menschengeist, der Glaube an die Bedeutung des Atmens für die Seelenwanderung, an die Bedeutung der Entspannung, Meditation, an Yogaübungen, chinesische Gymnastik wie T'ai-Chi und japanische Kampfrituale.

Die Mythologien und philosophischen Gedanken der Antike, von Homér bis Platon, hatten eine Bildsprache und Lehren geliefert, derer sich Laban nun bediente. Zahlenmystik spielte eine Rolle, der Glaube, daß gewisse Zahlen eine magische Bedeutung hätten, so 3 x 3 = 9; außerdem der Glaube an die Macht des Kristalls, die »Kristallehre«, die auch bei Freud und den deutschen Expressionisten und Kubisten auftauchte.

Auch in seinem Bestreben, eine Notenschrift des Tanzes zu schaffen, folgte Laban von Anfang an seinen zwischen Aberglaube und Vernunft schwankenden Überlegungen. Zitate sagen viel: »Der Kampf um eine Tanzschrift ist ein Ringen um das Verständnis für die Harmonie des Weltalls« und: »Die ersten Schriftzeichen folgen den Abbildungen menschlicher Bewegung«. In den zwanziger und dreißiger Jahren wurde Labans Philosophie vom Neoplatonismus geprägt, besonders von der Richtung, die sich zu einer wildwuchernden mythologisch-romantischen Naturphilosophie von stark magischem, astrologischem Charakter entwickelte.

Mary Wigman schrieb über Laban ins Tagebuch: »Leidenschaftlich nahm er alles auf, was in seine Interessensphäre paßte, er drehte und wendete alles solange, bis es sich in seine Gedankengänge einfügte.«

Keineswegs richtete er sich mehr, wie die klassische Ballettschule es vorschrieb, nach den Gesetzen der Perspektive, viel eher nach den unsichtbaren Linien, welche bewußt wahrgenommene Körperbewegungen, in den Raum zu zeichnen schienen. Er nahm an, daß diese imaginären Linien denselben Naturgesetzen folgten wie das Wachsen der Kristalle. *Jede Bewegung ist ein Kristall.*«

Großes Gewicht für den Modernismus, für die Kunst und natürlich den Tanz, hatten die epochemachenden wissenschaftlichen Entdeckungen, die die Zeit erschütterten, so u. a. Wilhelm Röntgens Röntgenstrahlen und die Studien über Kristallwachstum, Marie und Pierre Curies Entdeckung des Radiums und Poloniums und die rätselhafte Strahlung dieser Elemente. Beide öffneten das Tor zu jenen Naturkräften, die wir weder sehen, noch riechen, noch fühlen können, zu Naturkräften, die wir nicht zu steuern vermögen.

Albert Einsteins Relativitätstheorie bahnte den Weg für schwindel-erregende Einsichten in die verborgenen Kräfte der Natur und des Universums. Er zerstörte die absolute Zeit und, was für viele gläubige Theosophen und Anthroposophen schlimmer war, auch den Äther; ihn gab es nicht mehr nach Einstein.

Sigmund Freud entdeckte unser Unterbewußtsein. Er bewies, daß wir ein inneres Leben haben, tief unter dem bewußten verborgen, beeinflußt von unseren allerfrühesten Erlebnissen, und daß wir nicht allzeit imstande sind, unsere unterbewußten Kräfte zu beherrschen und zu kontrollieren, ja daß alles künstlerische Schaffen darin tief verankert ist.

Wie war es möglich, aus dieser Mannigfaltigkeit eine immerhin bemerkenswert einheitliche Analyse, später ein anwendbares System zu schaffen, wie dies Laban tat? Selbst wenn wir berücksichtigen, daß es seine Mitarbeiter und Schüler waren, die sein Werk erst Jahrzehnte später abschlossen!

Der eigentliche Schmelztiegel war Labans innerer Zwang, seine Besessenheit, eine fast rituelle Tanzkunst zu schaffen, die ganz auf ihre eigenen Mittel vertraute: »Der beseelte Körper in Bewegung, wahrgenommen von der Körpermitte«, wie er 1920 schrieb, ohne Kostüme, Szenerien, frei von jeder Erzählung, ohne jeden dramatischen »roten« Faden, unabhängig auch von allen überkommenen ästhetischen Normen, frei von der eigenen Tradition, z. B. frei von den Dogmen des klassischen Tanzes, vom Volks- oder Gesellschaftstanz; somit war es ein Tanz, der von seiner eigenen Vergangenheit gelöst, möglichst ohne Musik, seine eigenen Laute schuf.

Mit dieser Absicht wird Laban eins mit der sogenannten nonfigurativen Kunst, auch mit anderen Kunstformen, mit revolutionierenden Vereinfachungen und Abstraktionen, die die Zeit hervorbrachte.

Auf dem Monte Verità lebten Mary Wigman und Rudolf von Laban mit all diesen Gedanken und Glaubensrichtungen, mit Nudisten, verschiedenen Vegetariern, biodynamisch interessierten Ärzten, Psychologen, Heilpraktikern, die oft unterschiedliche Ansichten über Heilungsmethoden hatten. Sie behandelten Patienten mit Nervenkrankheiten oder Lähmungserscheinungen. »Jedes Haus hatte eine andere Weltanschauung«, schrieb Mary in ihr Tagebuch.

Laban erprobte seine Kräfte und Fähigkeiten nicht nur an einem Dutzend enthusiastischer, zum Fanatismus getriebener Jünger, sondern fand auch zwanglos Gelegenheit, seine eigene Ausstrahlung und Methodik an Patienten zu überprüfen, die sich in den zahlreichen Sanatorien aufhielten. Das alles tat er mit ganz verblüffendem Erfolg.

So legte er den Grundstein für seine Tanztherapie; für ihn bedeutete Bewegung stets Tanz im Zeichen der Magie der Kunst, im Kontrast zu Steiners Bewegungstherapie, die auf den Spuren der Eurhythmie seiner neuen Glaubenslehre wandelte, oder im Gegensatz zur Dalcrozeschen Bewegungsmusikalität. Laban notierte alle intuitiv auftauchenden Einfälle, beschrieb gewisse Phänomene, aber vor allem sprach er über die inneren Bilder, die in ihm selbst wirkten, »frei und wortreich«, wie Wigman in ihren Tagebüchern schrieb. All das, um die Menschen im Tageskampf zu stimulieren und anzuspornen, sie auch geistig zu erlösen, um die an ihn Glaubenden zu ermuntern. Dabei forderte er absoluten Gehorsam und blinde Anerkennung seiner Autorität.

Die Kriegsjahre. Dada in Zürich

Als 1914 der 1. Weltkrieg ausbrach, zogen Laban, Wigman und viele der Schüler Labans nach Zürich um. Er war damals schwer krank. Wigman mußte unterrichten und hart um das tägliche Brot ringen. Während des ersten Weltkriegs hatte man Kontakt mit dem Kreis der sogenannten Dada-Künstler, die sich vorsätzlich absurd und protestierend gebärdeten, den Untergang aller ästhetischen Konventionen herbeisehnten und voraussagten. Alle führten sie ein inspirierendes Bohèmeleben in Zürich, abseits, und doch dem Kriege und der Katastrophe so nahe. Europas Zusammenbruch konnte man wahrnehmen, während man sich amüsierte und das Publikum mit Kabarettvorstellungen, Maskeraden, Ausstellungen, Happenings und Tanzabenden schockierte.

Auch Laban war mit dabei, stellte die Dada-Kunst allerdings ziemlich in Frage; er wollte ja eine neue Kunstform schaffen, die alles Bisherige ersetzen sollte, doch keinesfalls in totaler Opposition jegliche Kunst negieren oder aushöhlen.

Mary Wigman hatte eigentlich einen festverankerten Glauben an ihr »Deutschtum«, ließ sich von ihrem Nationalismus leiten, von Gefühlen, die der ganzen Dada-Idee höchst fremd waren. Dennoch trat sie mit ihren Tänzen im Rahmen der Dada-Veranstaltungen auf. Ohne Zweifel wollte

Die Dada-Künstler in Zürich leugneten alle Kunst, um gegen die Auffassung zu protestieren, sie seien Diener des Bürgertums und hätten die ästhetischen und moralischen Werte verherrlicht, die zum Krieg führten. Der Dadakult wollte alles Nationalistische und Rassistische ausradieren; exotische Masken und Jazz wurden zu Kultobjekten. Hans Richters »Jazz« (1916)

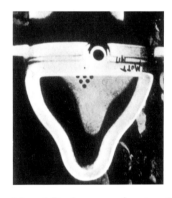

Marcel Duchamps verlangte während einer Ausstellung in New York, daß ein Fahrradständer und ein Gestell zum Trocknen von Flaschen als Kunstobjekte ausgestellt werden sollten.
Ein Pissoir unter dem Namen »Fontäne« sollte der Aussstellung zugeordnet werden. Trotz mancher Proteste setzte er seinen Willen durch.

31

Romantischer Symbolismus.
Priesterinnen der Eurhythmie
in der »Heiligen Stunde« (1907)
des Schweizers Ferdinand Hodler

Edvard Munchs »Der Schrei«,
der Schrei des Expressionismus.
Mary Wigman wurde vom Expressionismus,
der Kunst des subjektiven Ausdrucks,
sehr beeindruckt.

Henri Matisse: »Der Tanz« (1909).
Man glaubt, den Tanz von Nudisten
auf einer Wiese zu erleben.

Die Kinder-Eleven Labans in einem Reigen.

sie zum Kreis derer gehören, die für Großes auserwählt waren. Diese ihre Überzeugung war mit grandiosem Opferwillen gepaart und der Fähigkeit zu fanatischer Arbeit an sich selbst und an ihrem schweren, nach herkömmlicher Meinung für Tanz nicht sonderlich geeigneten Körper.

Nach dem Krieg

Nach dem deutschen Zusammenbruch 1918 und dem verlorenen Krieg herrschten Hungersnot, Kälte und Krankheiten sowie ein politisches und kulturelles Chaos. Die große rote Revolution, die in Rußland Fuß faßte, stand, so schien es, überall vor der Tür. In dieser Atmosphäre veränderte sich der Nährboden für jene Tendenzen und Strömungen, die Umwälzungen in der Kunst, im Tanz, ja auch in der sozialen Ordnung zum Ziele hatten.

Im Jahre 1919, nach Kriegsende, zogen Laban und Wigman nach München; er ging später nach Stuttgart und Hamburg, sie nach Dresden und Berlin. Die revolutionären Stürme der Nachkriegszeit erschütterten auch die junge Tanzkunst.

Vor allem in München erstarkten allerlei geheime Verbände, die auf Schrecken einflößende, militante Weise deutsche kampflüsterne Geister in Bewegung brachten, Mut und Hoffnung denen gaben, die den Krieg fortsetzen und bis zum äußersten gehen wollten. Zwei Beispiele solcher Bünde mit fast religiösem Charakter waren der aus uralten Sektengruppen gebildete »Germanenorden« und die »Thulegesellschaft«. Adolf Hitler, Rudolf Heß und manch andere später bekannte Nazis waren angeblich Mitglieder. Besondere Meditationen, eine Art von Yoga, stellte man über die Symbolik der Runen an, glaubte an die Wiedergeburt der »arischen Rasse«. Anhänger der schwarzen Magie bildeten den inneren Kern; vermutlich haben diese und ähnliche Bünde alle Zeiten überlebt.

Es heißt, aus Rache darüber, daß der Anthroposoph und Eurhythmie-Lehrer Rudolf Steiner vor den Nazis gewarnt hatte, sei sein Goetheanum, dieser berühmte Bau bei Basel, durch Brandstiftung vernichtet worden.

Laban legte in dem Buch »Die Welt des Tanzes« (1920) seine Auffassungen dar, die seine politische Haltung während der ersten Nazijahre 1933 bis 1937 teilweise erklären.

Er schloß sich denen an, die »esoterische« (nur für Eingeweihte zugängliche) Sekten unterstützten, mehr oder weniger geheime Bünde, die sich als wichtige Faktoren neben der Ideologie der etablierten politischen Parteien verstanden. Übrigens hielt Laban »Demokratie« für unvereinbar mit der Akzeptanz des Phänomens »Genie«.

Im selben Buch hebt er die Bedeutung der Rassenfrage hervor; auf dem Gebiet der Tanzpädagogik hatte sie bis dahin eine sehr starke Verankerung in den USA gehabt, während gewisse Richtungen der Gymnastik in Mitteleuropa seit langem nicht frei von rassistischen, meist antisemitischen Aspekten waren. In den USA richteten sich diese Tendenzen gegen die Schwarzen, die »Nigger«, deren Bewegungen und Tanzimpulse man, auch Laban, mit denen der Kinder verglich, die zu zügeln und zu erziehen waren.

Der neue deutsche Tanz

Nach 1919 begann Mary Wigman ihre kometenhafte Karriere, errang Berühmtheit in der ganzen Welt und einen der höchsten Ehrenplätze in der Tanzgeschichte. Zunächst gab sie eigene Tanzabende; bald aber eröffnete sie eine Schule, die der Mittelpunkt der ganzen Bewegung wurde, das Zentrum des deutschen künstlerischen Tanzes. Sie bildete eine eigene Gruppe, die aus fanatisch gläubigen Schülerinnen bestand.

Stets war Mary Wigman stolz auf ihr Vaterland gewesen, hatte versucht, sich den großen deutschen Dichtern, Komponisten, Philosophen und Wissenschaftlern würdig zu erweisen. Mehr als früher schien sie nun von den nationalen Kräften beherrscht, die in dieser unruhigen Nachkriegszeit erstarkten. Der in national gesinnten Kreisen blühende Geniekult, der zum Führerkult überleitete, bestärkte sie in ihrem Glauben, daß gewisse Menschen auserwählt, »begnadet« seien.

Die Absicht kann wichtiger werden als das Werk selbst. Bestimmte bekannte deutsche Kulturkritiker und -skribenten wurden die Interpreten Mary Wigmans, meinten, ihre Codes und Symbole auflösen und erklären zu können. Da auch diese Verfasser auf der Woge des Expressionismus schwammen, war alles, was sie schrieben, Produkt der eigenen Weltsicht, der eigenen Gefühle. So dichteten sie in ihren Tanz hinein, was sie selbst sehen und fühlen wollten; und die ersten, die sie anhimmelten, waren die Nationalisten, die glühenden Patrioten.

Ernst Blaß, der expressionistische Schriftsteller, schrieb schon 1922 über die Wigman: »Ihr Weg führt zur nordischen Frühgeschichte, hinein in wilde Ornamente aus Drachenköpfen und Pferdeschädeln ... Das, scheint es, ist ihre wahre Heimat. Gongschläge können wie Hammerschläge sein: geht's um Menschenopfer?« Und der Kritiker R. Delius formulierte: »Das wilde germanische Gefühl hat erstmalig eine eigene Kunstform in ihrem Tanz gefunden.« Die kultische und idolhafte Verehrung, die sie genoß, ließ alle sachliche Kritik verstummen.

Die zwanziger Jahre

Hunderte Laban-Schulen entstanden, von einem Heer von Assistenten geleitet, die Laban ausgebildet hatte.

Bedeutende Tänzer, die außerhalb der Theater und ohne feste Anstellung lebten und ihre Kunst ausübten, gaben eigene Tanzabende und verließen sich darauf, daß ihre künstlerischen Leistungen viel Publikum anzog. Außerdem unterrichteten sie. Bedeutungsvoll war, daß sie alle

Mary Wigman verwendet in den 20er Jahren die Triangelform in ihrer Choreographie.

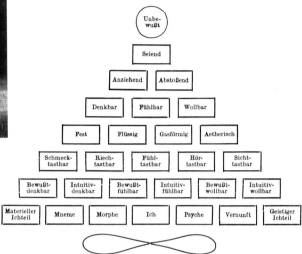

»Das Symbol trägt eine Sprengkraft in sich.« (Laban) In der geometrischen Form des Triangels stellt Laban das menschliche Seelenleben dar. Die liegende Acht, Symbol der Ewigkeit, wird eines der häufig verwendeten choreographischen Muster, das die Füße auf die Fußbodenfläche zeichnen, wie Laban es in seinem 1920 erschienenen Buch »Die Welt des Tänzers« beschreibt.

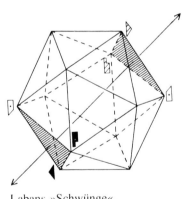

Labans »Schwünge«, eingepaßt in einen Platonschen Körper: den Ikosaeder.

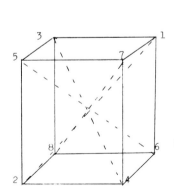

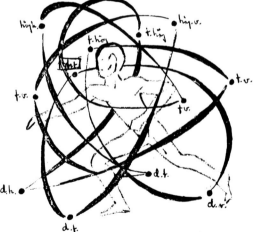

schon in jungen Jahren Schulen eröffneten, ehe sie selbst aufhörten, tänzerisch hervorzutreten. Das tat auch die Wigman; ihre Schülerin Gret Palucca gründete ihre Schule mit 23 Jahren, auf dem Höhepunkt ihrer Karriere! Das war wohl einer der Gründe, weshalb die Tanzform so schnell ein Millionenpublikum eroberte.

Enthusiasten aller Altersgruppen, tanzende Amateure, Studenten, professionelle Tänzer, aber auch Bildhauer, Maler, Schriftsteller und viele ganz allgemein an Kunst und Kultur Interessierte bevölkerten die Tanzabende. Ein neuer Beruf entstand: Tänzer, Pädagoge, Choreograph in einer Person.

Zweifellos war dies alles das Ergebnis von Labans Arbeit, der diese Volksbewegung in der Tanzkunst geschaffen hatte. Sie wies nun neben Mary Wigman ein Reihe großer Künstler auf, die die Welt eroberten, in der Choreographie ihre Intentionen ausdrückten und eine neue Pädagogik schufen.

Neue Sachlichkeit und modernes Tanztheater

Weit scheint der Schritt zu sein von der Choreographie des Modern Dance im Zeichen der Spontaneität und Improvisation, von den Tanzwerken, die von Anthroposophie, Eurhythmie, expressionistischen Bewegungsritualen inspiriert waren, von dem, was in erster Linie eine subjektive Selbstverwirklichung sein wollte, hin zum klaren, eindeutigen, erzählenden Tanzdrama.

Wenig interessiert war Mary Wigman daran, daß die neue Tanzkunst die Theater eroberte, d. h. die traditionellen Opernhäuser. Es war ein anderer großer Laban-Eleve, Kurt Jooss, der den Theatergedanken vorantrieb. Er meinte, der neue künstlerische Tanz bedürfe des Theaters, da

Ernst-Ludwig Kirchner skizzierte die tanzende Mary Wigman. Er deformierte sie, ließ das Symbol der Intuition, das »dritte Auge«, die Gesichtszüge ersetzen.

Matisse vereinfachte, ohne jedoch den herkömmlichen Schönheitssinn zu verletzen. Tänzerin der Bodenwieser-Schule, Wien

sonst das Risiko bestünde, daß er verschwinde, sobald sich die erste Begeisterung gelegt hätte.

Laban stand zweifelnd zwischen Wigmans und Jooss' Ansichten.

Mary Wigman und Laban hatten es nicht vermocht, radikale sozialistische Künstler für ihre Tanzkunst zu interessieren. Auch Isadora Duncan gelang dies trotz ihrer revolutionären Einstellung auf die Dauer und in der Praxis nicht. Ihre Versuche, in der neuen Sowjetunion eine Schule zu etablieren, scheiterten, wie ja überhaupt ihre künstlerischen Intentionen in der breiten Bevölkerung keinen Widerhall fanden.

Berliner Dada-Kult

Auch Berlin bekam seine eigene Dada-Bewegung, doch glich Berlins Dada niemals der Züricher Dada-Entwicklung: es fehlte das Spielerische, Absurde. Dada in Berlin, als es 1919 begann, war eher aggressiv, von Anfang an eine Art geistiger und politischer Sprengstoff. Bereits Dada in Zürich hatte seine Tänzer hervorgebracht: Sophie Taeuber, Marie Wiegmann, Suzanne Perrotet – alles Laban-Schülerinnen, die nun ihre Lehren über den neuen »absoluten« Tanz verbreiteten. Im Spartakusjahr 1919, mit seiner revolutionären Stimmung nach dem verlorenen Krieg, bekam die Dada-Richtung in Berlin ein eigenes Kabarett: »Schall und Rauch«, im Keller des Schauspielhauses, mit Valeska Gert als erster tanzender Dadaistin.

Wenn wir an den enormen Unterschied zwischen Dada in Zürich und New York einerseits und Berlin andrerseits denken (man erinnere sich an Duchamps, der das Establishment und die gute Gesellschaft in New York schockte, indem er ein Pissoir ausstellte), so sollten wir begreifen: die Künstler, die sich in Berlin an Dada anschlossen, hatten den Krieg 1914–1918 entweder selbst an der Front erlebt oder die von Hunger und Elend heimgesuchten Städte kennengelernt. Demgegenüber hatten Laban und Wigman in der neutralen Schweiz den Krieg sozusagen auf einer Insel des Friedens verbracht, genauso wie Kandinski, Klee und auch Steiner. Kurt Jooss erlebte den Krieg in Deutschland im Alter von dreizehn bis achtzehn Jahren. Bedenkt man dies, fällt es vielleicht leichter, den großen Unterschied in der künstlerischen Programmatik zu begreifen, die ja stets das Leben des Individuums im Rahmen gegebener sozialer Umstände widerspiegelt.

Die dunkle Zeit

Labans und Wigmans politische Ansichten waren sicher wichtige, schwerwiegende Faktoren in ihrem künstlerischen Werdegang. Beide stellten hohe Forderungen: wollten an der Kulturpolitik beteiligt sein, besonders, wenn es um pädagogische und künstlerische Zielsetzungen ging, wenn es um das ging, was den Lebensinhalt des neuen Menschen »in Körper, Seele

Anita Berber, gemalt von Otto Dix.
War sie »Tänzerin der Sünde«,
die Göttin der Avantgarde, Filmidol,
Kokainsüchtige, Kriminelle,
Prostituierte? Bürgerliche
Prüderie wurde verworfen,
man sollte destruktiv leben!

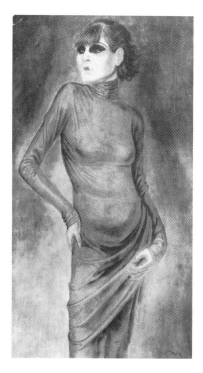

Die Dada-Künstler und die
Expressionisten in Berlin liebten
zwei Motive: die Schrecken des
Krieges und den Verfall in den
Städten der Nachkriegszeit: Valeska
Gert in ihrer Tanzschöpfung »Laster
der Großstadt«, und wie sie »Dada-
Marschall« George Grosz sieht.

Der Tod, der den Tanz anführt, spielt
die Hauptrolle in Kurt Jooss' »Der grüne Tisch«.
Mit diesem Werk wurde das realistische
Handlungsballett, das moderne Tanztheater,
geboren.

Otto Dix, der Kriegsreporter mit Zeichenblock
und Bleistift, zeichnet die Opfer des
Schlachtfelds.

und Gefühl« bildete, wie Laban es ausdrückte. Sie entwickelten sich zweifellos zu den am krassesten hervortretenden »Politikern« in der Tanzgeschichte, nicht nur in der Kulturpolitik. Beide haßten jegliche Art von Bevormundung und wünschten, auf einer breiten gesellschaftlichen Ebene gehört zu werden, sie wollten mitwirken an der Gestaltung der Ideologie; ihr Anspruch wuchs sogar noch nach 1933.

Die Kunst wird wieder wirklichkeitsnah

Otto Dix, einer der größten Maler Deutschlands, war vier Jahre Frontsoldat. Sein anspruchsloser Skizzenblock gibt ein ebenso realistisches wie erschütterndes Bild von den Ängsten des Krieges, ähnlich Goyas Schreckensbildern über den spanischen Freiheitskampf im 19. Jahrhundert.

Dix formulierte: »Ich habe die Kriegsbilder nicht gezeichnet und gemalt, weil ich glaubte, den Krieg verhindern zu können ... ich habe sie gemalt, um den Krieg zu beschwören ... Alle Kunst ist eine Art Beschwörung. Der Künstler muß bezeugen und teilnehmen.« So äußerte sich Dix über die Vorläufer der abstrakten, nonfigurativen Kunst: »Ich male Träume und Visionen, die Träume und Visionen meiner Zeit, ja die Träume und Visionen aller Menschen ...«

Der gesellschaftskritische Zeichner George Grosz, die Feuerseele der Berliner Dada-Bewegung, sagte 1922, die Begeisterung und der Enthusiasmus für das Ego, das eigene Erleben, dürfe nicht länger im Zentrum stehen. Bereits damals kämpfte er für eine Ausstellung der Arbeiten radikaler Künstler; sie wurde jedoch erst 1925 in Mannheim unter dem Namen »Die neue Sachlichkeit« eröffnet. Das wurde ein Slogan für die neue Generation sozialistischer Künstler. Hierher gehörten auch die Tänzer Jean Weidt, Kurt Jooss und Sigurd Leeder.

Zu Recht nannte man den neuen Stil nicht bloß neue Sachlichkeit, sondern Verismus, Wahrheitssuche. Er hatte sein Zentrum im Rheinland, vor allem im Ruhrgebiet (Kurt Jooss in Essen). Das neue Tanzdrama entstand unter dem Eindruck dieser Tendenzen in gesellschaftskritischem, vor allem pazifistischem Geiste.

Der rote Tänzer

Noch ein Tanzkünstler sei hier genannt, um die Geburt der neorealistischen, erzählenden Tanzkunst der zwanziger Jahren zu belegen, gleichsam als Kontrast zum »abstrakten« oder »poetischen«, rituellen, handlungsfeindlichen Tanz, wie ihn Wigman vertrat!

Jean Weidt, geboren 1904, ein Gärtner aus armseligem Milieu, tanzte seit seiner Kindheit, wie er erzählt, gern für sich beim Kühehüten. Grundeinsichten in die Möglichkeiten der Tanzkunst bekam er bei Sigurd Leeder, dem Laban-Schüler, der ihm Privatstunden gab. Jean Weidt, der »rote Tänzer«, schuf einen persönlichen radikalen Stil. Schon 1924 gab er

40

einen eigenen Tanzabend in Hamburg; er hatte Tänze wie »Der Arbeiter«
oder »Klage eines Soldaten« im Programm, später folgte in Berlin »Un-
sterbliche Opfer«; es waren dramatische Stoffe, die Jooss' Tanzwerk »Der
grüne Tisch« vorbereiteten. Weidt gründete eine eigene Truppe, wurde
Mitarbeiter bei Erwin Piscator, dem berühmten Berliner Regisseur, und
hatte Kontakte zu Bertolt Brecht, John Heartfield u. a.

Damals begann die Technik sich erneut zu verändern: Surrealisten wie
Dali und Veristen wie Dix kehren zur alten europäischen Praxis der Öl-
malerei zurück; die Farben sind wieder gedämpft, werden realistischer;
nur die Motive erfahren eine revolutionierende Veränderung! *Die Technik
änderte sich auch bezüglich des Tanzes.*

Jooss, später Birgit Cullberg und viele andere, nahmen das »Glied-für-
Glied«-Training des Balletts wieder auf, dessen strikte, dogmatische
Methoden, und berücksichtigten somit, das sei nicht zu vergessen, auch
wieder die Regeln der Perspektive und den Zuschauerblickwinkel; sie fi-
xierten nicht länger nur das eigene Erleben.

Der Kampf unter den modernen Tänzern

Die Streitfrage war: abstrakte, zeitlose, aus tiefstem Unterbewußtsein ge-
schaffene Kunst oder eine Mischung aus Intuition und Vernunft, die Ein-
sicht und Stellungnahme bestimmt. Für letzteres galt nun nicht mehr, die
»Kunstseele«, »das Geistige in der Kunst« (Kandinski) zu suchen«, Kräfte
im eigenen Unterbewußtsein und deren Verhältnis zum Kosmos zu entdecken, sondern die Relation des Ichs, des denkenden, gefühlsbetonten
Ichs zur Wirklichkeit tänzerisch zu gestalten!

Laban verließ Deutschland 1937. Behauptet wird, er habe fliehen müssen, weil Goebbels sich weigerte, sein letztes Tanzchorwerk »Vom Tau-
wind zur neuen Freude« in die Demonstration deutscher Tanzkunst auf
der Berliner Olympiade aufzunehmen. Das soll sich 1935, bei der Aus-
wahl der für Olympia in Frage kommenden Werke abgespielt haben. Die
Wahrheit ist, daß Laban danach weiter für die höchste künstlerische In-
stanz im Naziministerium gearbeitet hat. Erst Ende August 1937 reiste er
freiwillig nach Paris. Das geht aus einem Brief an seine Mitarbeiterin Marie Luise Lieschke vom 3. September 1937 hervor. Diesem Abschieds-
brief ist zu entnehmen, daß nicht ideologische, politische Gründe seinen
Entschluß bestärkten, nicht mehr nach Deutschland zurückzukehren! 1937
ersuchte er sogar darum, seine Arbeit für Nazideutschland wiederaufneh-
men zu dürfen, was aber von Goebbels abgelehnt wurde.

Der Grund für Labans Weggang war ein lebensgefährlich intriganter
Artikel eines gewissen Kühne über Labans angebliches homosexuelles
Verhältnis zu einem Tänzer der Berliner Staatsoper. Nach dem Fall Labans gab es wohl für Goebbels viele Gründe, sein und Wigmans Lebens-
werk auf den Müllhaufen der »entarteten Kunst« zu werfen. Schon einige

Jahre vor dem endgültigen Aus der Tanzschulen nach den Bombenangriffen hatten Labans Konkurrent im »deutschen« Tanz, sein eigener Schüler Johannes Fischer-Klamt, und der Referent Rolf Cuntz dessen sämtliche Befugnisse in der für Tanz zuständigen Abteilung IV des Goebbels-Ministeriums übernommen.

Die nationalsozialistische Ideologie dominierte jetzt in jeglicher Tanzausbildung: die Erb- und Rassenlehre, das »biologische Tanzdenken« bestimmten die Wahl der Lehrer und Eleven und alle choreographischen Mittel.

Der Tanz wird politisch
Als Hitler 1933 die Macht übernahm, als das neue Deutschland seine zukünftige Kulturpolitik formulierte und Goebbels die Entwicklung und Ausrichtung der schönen Künste »im Griff« hatte, schien zunächst manch einem der ewige, in der Geschichte bislang nicht verwirklichte Traum von der Erhöhung der Tanzkunst zur »Kunst aller Künste« in nächste Nähe gerückt. Die modernen Tänzer glaubten, ihr Tanz könne gar mehr Ansehen genießen als die traditionelle Oper und die Schauspielkunst, von gewissen Ausnahmen wie Wagner abgesehen, der Hitlers große Inspirationsquelle und Vorbild für alles Deutsche und Germanische in der Bühnenkunst war.

Man behauptet, Laban habe weiter in dem Glauben gelebt, der Tänzer sei eine Art Erlöser der Menschheit, die Welt des Tanzes eine Art Vorbild für die kosmische Harmonie im Weltall und das Leben auf dieser Erde.

Welches war nun das naheliegende Ziel in den dreißiger Jahren? Eine Tanzhochschule in Deutschland. Wer aber sollte sie leiten, ihre Ziele und Inhalte bestimmen? Und ebenso wichtig: Die Verwirklichung des Traums von einer Art »Bayreuth des Tanzes«, von einem »Tempel der Tanzkunst«, der alle Getreuen versammeln würde!

1933, direkt nach dem Machtantritt der Nazis, begann Laban bereits zu handeln: er organisierte einen großen Tanzkongreß, der 1934 stattfand. Er war bereit, unter Goebbels' Leitung eine Art »Tänzergemeinschaft« zu schaffen, in der alle auf dem Gebiet der Tanzkunst professionell Arbeitenden vertreten sein sollten. In zahlreichen Reden feierte er »die rassischen Grundlagen des deutschen Tanzes« (Hedwig Müller in ihrem Buch »Mary Wigman«, 1986). Die Wigmanschule richtete sich nach der Rassenpolitik, die offiziell vom »Rassenpolitischen Amt« vertreten wurde. Man sagt, Mary Wigman habe nie Hitlers »Mein Kampf« gelesen. Diese Tatsache sagt eigentlich alles: Sie ließ die Anwendung der barbarischen Theorien zu, opferte – vielleicht widerwillig – ihre nächsten Mitarbeiter, ohne sich überhaupt mit der neuen Ideologie auseinanderzusetzen!

Man kann wohl behaupten, daß die Berliner Olympiade von 1936, die eine zensierte Mammutdemonstration des deutschen »freien« Tanzes bot, den Höhepunkt dieser künstlerischen Richtung bildete. Danach fiel sie in

42

Zentraleuropa wie ein Kartenhaus zusammen, Stück für Stück, auf Weisung der nationalsozialistischen Kulturgewaltigen.

Aber bis zu diesem Zeitpunkt war es vielen Vertretern des neuen Tanzes gelungen, den »freien«Tanz in die demokratischen Länder zu tragen, u. a. gehörte Kurt Jooss dazu, der schon 1933 mit allen Mitarbeitern und Tänzern Deutschland verlassen hatte. Nach 1937, wie schon erwähnt, folgte Rudolf von Laban, die zentrale Gestalt des Ausdruckstanzes.

Stagnation nach 1945

Die afroamerikanische, karibische, indianische und südamerikanische Kunst und Kultur hatten schon um die Jahrhundertwende, allen Protesten zum Trotz, eine enge Relation Musik-Rhythmus-Tanz nicht vermissen lassen; und das nicht bloß in ihren für den europäischen Geschmack aufbereiteten Formen, sondern im Streben nach Authentizität, besonders bei der Entwicklung der Tanzkunst, in der Tanz- und Musikpädagogik, aber auch im Gesellschaftstanz.

Der Traum der Züricher Dadaisten und ihrer Nachfolger vom Internationalismus der Kunst über alle Rassengrenzen hinweg wurde von der Zensur des Hitlerreichs zunichte gemacht, und damit auch ihre epochemachende Forderung, die den Weg zur zweiten Revolution der Tanzkunst im Zeichen globaler Strömungen gewiesen hätte. So kam es zu der später so schmerzhaft empfundenen »Zurückgebliebenheit«, zu dem Gefühl, aus der Mode gekommen zu sein, das deutsche Tänzer nach Kriegsende erlebten, und das eine Folge der allzu willigen Anpassung war, deren sich die prominenten Tänzer um Laban und Wigman schuldig gemacht hatten.

Das Akzeptieren der Rassengesetze und des sogenannten Kulturbolschewismus trug dazu bei, daß der Ausdruckstanz im Sinne der Innovationen Labans und Wigmans auf seinem Entwicklungsstand aus den zwanziger Jahren stehenblieb. Entscheidend für die Stagnation war neben der Blockierung des Direktkontakts zu außereuropäischen Tanzkulturen auch ein anderer Faktor: Verboten waren Freuds Psychoanalyse, alle Sekten und Rudolf Steiners Anthroposophie. Ohne alle Bindungen zu Mystizismus, Magie, Symbolismus, zu von unserm Unterbewußtsein beeinflußten psychischen Phänomenen, vermißte die Tanzavantgarde wichtige Anregungen für ihre Themen und ihre Formensprache.

In den USA dagegen ließ sich trotz der Diskriminierung der farbigen Bevölkerung, meist der Neger, die Kraft der obengenannten Einflüsse weder unterdrücken noch hemmen, besonders in bezug auf Musik und Tanz. Die Kunstschaffenden aller Lager waren allzu hartnäckig in ihrer Forderung nach freiem Schöpfertum.

Nicht nur die Überbetonung des »Deutschtums« wurde nach dem verlorenen Krieg im demoralisierten Deutschland verworfen; vielmehr gab es auch eine bestimmte Bereitschaft allzu vieler prominenter Tanzschöpfer, ohne sich eigentlich als überzeugte Nazis zu fühlen, ihre künstlerische Freiheit in den meisten Fällen der Karriere zu opfern! Sie ordnen ihr Schaffen dem Diktat einer Geschmacklosigkeit unter, die sie meistens auch als solche empfanden.

Ziele heute

Wo ist das alles geblieben, der Tanz der Millionen, die Volksbewegung, das, was Laban Laientanz nannte? Wohin sind all die Gedanken und Träume, aus denen sie geboren wurde? Hat all das, was damals geschah, für immer seinen Einfluß auf die Ideologien verloren, jeden Rückhalt in der »großen Politik« eingebüßt? Ist die Tanzkunst nunmehr, da sie sich ihrer Ziele und Mittel, ihrer eigentlichen Bedeutung und verborgenen Macht nicht mehr bewußt ist, ganz der Willkür der Administratoren und Bürokraten, dem Wohlwollen der Sponsoren, dem leichtlebigen Publikumsgeschmack ausgeliefert, der sich gern dem Bekannten, Konventionellen zuwendet. Lebt die vorwärtsstrebende experimentelle Tanzkunst nur noch im esoterischen Kreis der »Auserwählten«, im Schatten der »großen Trends«, gleichgültig, ob man sie heute Postmoderne oder sonstwie nennt? In allen Richtungen der Kunst und Literatur scheinen sich die Tendenzen der zwanziger Jahre zu wiederholen, damals geschaffen unter wirklicher Bedrohung, in gewissen Fällen in geistiger Not, von Zeichnern, Malern, Dichtern, Komponisten und Tänzern, die »mit nackten Füßen auf des Messers Schneide balancierten«, wie der russische Dichtersänger Wyssotzki es ausdrückte.

Eine neue politische Kraft

Doch eine neue Bewegung, die Jugend der ganzen Welt umfassend, ist entstanden: die Rockkultur. Aus dem schwarzen Blues hervorgegangen, ist sie ein Konglomerat aus Gesang, Musik, Tanz und Poesie, ein breiter Strom exotischer Rituale im Zeichen des Tanzes und der Musik. Die mächtige Rockkultur paßte sich den märchenhaften Möglichkeiten der Medien an und wurde ein wahres Reservat der Jugend. Sie beherrscht und bildet gleichsam die rhythmischen Impulse der Jugendlichen von frühester Kindheit an, erweckt ihre Sehnsucht, wie durch Zauberei alle alltäglichen Bewegungen und banalen Tätigkeiten in etwas zu verwandeln, das dem Tanz ähnelt, einfach alle sie umgebenden Laute, vom Großstadtlärm bis zum undefinierbaren Geräuschvorhang der Musik.

Dieses Phänomen ist jetzt ein politischer Machtfaktor; die Rockkultur wächst keineswegs in einen bestehenden ideologischen Rahmen hinein, sie läßt sich weder in politische Programme noch in unsere konventionellen, religiösen Auffassungen einfügen; sie schafft stattdessen neue, eigene. Die Rockkultur kann gegen den Hunger in Afrika mobilisiert werden, als Stütze für Nelson Mandela und den ANC in Südafrika, gegen AIDS;

aber sie kann in ihrer facettenreichen Breite auch gegen ganz andere Richtungen losschlagen: kann Gewalt und Krieg verherrlichen, Rauschgift und Drogen, kann den Weg des Protests um des Protestes willen aufzeigen, zur Anarchie ohne Ziel führen!

Rock begnügt sich nicht mit der Aushöhlung alter Kunstbegriffe, will nicht alle ästhetischen Normen verwerfen, auch nicht die spielerischen, etwas schockierenden Happenings, die das Kunst-Establishment von Dada bis zur Postmoderne zelebrierte. Besessene können buchstäblich alles zerschlagen, was ihnen in die Quere kommt, meist wegen der durchdringender Laute der Musik oder wegen der sie bezwingenden wilden Bewegungen; sie werden zur Ekstase getrieben durch monotone Rhythmen der Musik und des Tanzes, wobei dann eben große Fensterscheiben zersplittern.

Wo verläuft die Grenze zwischen Kunst und Wirklichkeit, zwischen Spiel und Ernst? Schafft die Jugend hier nicht ihre eigene Postmoderne, ihre eigenen Happenings, deutet sie nicht die aufrührerischen Tendenzen neu, die die Erwachsenenwelt im Namen der großen Kunst sanktionierte?

Hat die Rockkultur nicht Nietzsches dionysische Revolte übernommen, die besagt: »Gefühle und Ekstase sind wichtiger als Vernunft«? Die Dada-Bewegung wollte eine Kunst über alle Rassen- und Völkergrenzen hinweg. Hat nur die Rockkultur dieses Ziel verwirklicht? Haben all die neuen »Ismen« zusammen mit der Rockkultur wieder den Mantel aller jener Modetendenzen der zwanziger Jahre umgehängt? Ja und nein! Der ganze »okkulte« Rest ist noch da, der einst Steiner, Laban, Klee, Kandinski und Mondrian inspirierte, alle, die zum Surrealismus und Symbolismus, zur nonfigurativen Kunst, zur Eurhythmie und zum ungehemmten tänzerischen Ausdruck beitrugen. Dieser ganze Bodensatz lebt noch, denn was aus dem Volksaberglauben und der Magie erwächst, scheint stets zu überleben.

Trotz der unglaublichen Fortschritte der Wissenschaft, oder vielleicht gerade wegen dieser Fortschritte, lebt und gedeiht der Glaube an übernatürliche Wesen, an die Heilkraft des Kristalls, an die Magie der Zahlen, Zeichen und Silben ...

Neue Götter und Gurus etablieren sich, alte werden wieder in Ehren aufgenommen; aber nun inspirieren sie nicht nur Künstler oder rüsten rücksichtslose Politiker mit Metaphern aus; nun sind allzu viele von ihnen selbst Geschäftsleute geworden, mit riesigen Einkommen; ganze Industrien entstanden, mit eigenen Verlagen und Zeitschriften, mit Emblemen, Textilien, Rezepten, Gesundheitspräparaten, Trainings- und Behandlungsmethoden! Jetzt sind sie ein ökonomischer Faktor, und wie alle multinationalen Unternehmen existieren sie jenseits der politischen Überzeugungen, außerhalb der gesellschaftlichen Überwachung und Kontrolle.

Unsere Tänzer betrifft dies alles, denn alle diese Abarten okkupieren ja einen wichtigen Teil unserer Tanzkunst: unser Publikum, unseren Amateurtanz, all das, was den von Laban geschaffenen »Laientanz« ausmachte. Da gibt es jetzt Workout, Aerobic und Bodybuilding! Schweiß, Kraft und Abmagerungskuren ersetzen Tanzkunst, Mythen und Bildsprache. Sie löschen unsere Tradition aus, unsere Vergangenheit, drohen die Entwicklung in die Hand zu bekommen, paralysieren gar unsere Geschichte und Wurzeln in der Welt des Tanzes.

Die europäischen Pioniere

Rudolf von Laban (1879–1958)

In Europa hatte das klassische Ballett einen ganz anderen Status als in den USA. Hier gab es eine über Jahrhunderte hinweg entwickelte Tradition. Schon in der zweiten Hälfte des 18. Jahrhunderts versuchte Jean-Georges Noverre das Ballett durch dramatische Aktionen zu erneuern und den eigenen Körperausdruck der Tänzer zu betonen.

An der Spitze der mitteleuropäischen modernen Schule stand Rudolf von Laban. Eingehend hatte er die Bewegungen des klassischen Balletts studiert und gefunden, daß sie nicht die Bewegungsfähigkeit des ganzen Körpers nutzten. Die Tanzbewegungen erforschte Laban unabhängig von allen Hilfsmitteln, und dabei wollte er die Freiheiten hinsichtlich des bewußten und unbewußten Bewegungsimpulses erhalten. Er meinte im übrigen, alle Bewegungen gingen von einem gedachten Punkt über dem Nabel aus, vom Solarplexus – wie bei den asiatischen Bewegungsauffassungen. Als Laban Deutschland 1937 verließ, gewährte Kurt Jooss ihm Unterschlupf im englischen Dartington, von wo er später in die USA übersiedelte.

Zusammen mit Lisa Ullman gründete Laban in Manchester sein Art of Movement Center, in dem er bis zu seinem Tode wirkte. An dieser Einrichtung versammelten sich Eleven und Anhänger Labans, die dazu beitrugen, daß eine ganz neuartige Sicht auf Tanzkunst, Gymnastik, Bewegungsanalyse und Tanztherapie entstand.

Laban schuf auch ein System für die Aufzeichnung von Tanzbewegungen, ebenso für deren Analyse; es war eine Art Tanznotenschrift, die jetzt »Laban-Notation« genannt wird, entstanden im Zusammenwirken mit seinen Schülern Albrecht Knaust und Kurt Jooss. Dieses Notationssystem ist neben der Benesh-Dance-Notation die am häufigsten verwendete Methode zur Fixierung von Tanz.

Mary Wigman (1886–1973)

Bei Jaques-Dalcroze hatte sie studiert, und zwar in jener Rhythmusschule, die dieser in Hellerau/Dresden gegründet hatte, aber erst als sie mit Laban

46

in München und Zürich in Kontakt kam, fing sie im Alter von 26 Jahren ernsthaft an, sich zur Tänzerin auszubilden. Während der Studien bei Laban erhielt Wigman auch die Chance, eigene Tänze zu komponieren, aufzutreten und Labans Eleven zu unterrichten.

Nach dem ersten Weltkrieg kehrte Mary Wigman aus der Schweiz in ihre deutsche Heimat zurück und errang hier Erfolge mit ihrem speziellen Tanzstil; 1920 konnte sie eine eigene Schule in Dresden eröffnen, die bald ein Zentrum des neuen deutschen *Ausdruckstanzes* wurde.

Ihr Stil war durch eine unerhörte Ausdrucksfähigkeit geprägt; sie betonte das Körpergewicht und das Verhältnis von »Spannung und Abspannung« in den Bewegungen. Ihre Tänzer trainierte sie so, daß sie den eigenen Rhythmus des Körpers ausnutzten; wenn sie Musik verwendete, wurde sie häufig auf einfachen Instrumenten gespielt, mit denen sich die Tänzer selbst begleiten konnten.

Wigman schuf revolutionierende Choreographien, nicht nur für sich und die eigene Truppe, die sie lange leitete, sondern auch für die Ballette der Theaterbühnen. Mit viel Erfolg war sie in England und den USA auf Tournee, und wie Laban wirkte sie an der Berliner Olympiade mit, fiel dann aber bei den Nazis in Ungnade. Bis 1945 dauerte es, ehe sie wieder eine Schule eröffnete, diesmal in Westberlin, und ihr Institut wurde ein Treffpunkt für Anhänger des Modern Dance aus der ganzen Welt.

Zahlreiche schwedische Tänzerinnen und Tänzer hatten Wigman oder einen ihrer Schüler als Lehrer, sowohl in Deutschland als auch in Stockholm. Mary Wigmans Bedeutung für Europas Modern Dance war ungeheuer.

Mary Wigman

Hanya Holm (geb. 1893)
In den USA wurde der Wigman-Stil vor allem von ihrer Schülerin Holm vermittelt, die 1931 Leiterin der amerikanischen Filiale der Wigman-Schule wurde. (Ab 1936 durfte sie aus politischen Gründen den Namen Wigman nicht mehr führen.) Ihr eigenes Studio wurde eine der bedeutendsten modernen Tanzschulen in den USA, u. a. mit Eleven wie Alwin Nikolais. Hanya Holm hatte in den dreißiger Jahren eine eigene Truppe, und in den von ihr einstudierten Werken war eine starke Neigung zur Sozialkritik zu spüren.

Die Schüler Denishawns

Martha Graham (1894–1991)

Während Isadora Duncan und ihre Zeitgenossen für den Tanz vornehmlich durch ihre Soloauftritte revolutionierend wirkten, war es die Amerikanerin Graham, die mit zielbewußter methodischer Arbeit künftigen Tänzern ein striktes Trainingssystem vorlegte, das noch heute in der ganzen Welt praktiziert wird. Es ist gleichsam die Voraussetzung für ihr choreographisches Wirken. Graham-Tänzer, wird behauptet, seien von gleicher Strenge geprägt wie die der klassischen Schule. »Ich habe soviel Zeit, Schweiß und Blut daran gewendet, meine Technik auszuarbeiten, daß ich nun nicht dasitzen und sie in den Händen anderer degenerieren lassen kann«, äußerte sie, als man sie einmal nach ihren Anforderungen an die von ihr Auszubildenden befragte.

Wie Duncan und Wigman war auch Martha Graham überzeugt, der Tanz müsse auf inneren Erfahrungen des Tänzers aufbauen; Körper, Intellekt und Gefühl sollten völlig in die Bewegung integriert werden. Atmung bezog sie auf das Anspannen und Entspannen des Torsos (Contract-release). Die Schwerkraft und das Fallen des Körpers wurden betont; der Boden spielte in Grahams Technik eine sehr wichtige Rolle. Typisch wurde auch die spiralenartige Drehbewegung im Torso.

Schon 1916 begann Martha Graham das Studium bei »Denishawn«, und bis 1923 war sie Mitglied der Kompagnie von Ted Shawn. Während dieser Jahre fungierte sie hier nach der Elevenzeit auch als Lehrerin. Dann fand sie allerdings, daß sie St.Denis' und Shawns Ansicht über den Tanz als Kunstart nicht teilen konnte. Louis Horst, damals Pianist an der Schule, ermunterte sie schließlich, Denishawn zu verlassen, um endlich eigene Ideen zu realisieren. Horst blieb lange Zeit ihr Gefolgsmann und musikalischer Ratgeber.

Im Programm der ersten Vorstellung hatte Graham nicht weniger als 18 Tänze, und dieser Auftritt fand 1926 in New York statt. Im Jahr darauf entstand die Graham School of Contemporary Dance in New York. Aus Tänzern ihrer Schule stellte sie ein Ensemble zusammen, das seit 1929 Vorstellungen gab. In den vierziger und fünfziger Jahren baute sie die Martha-Graham-Company weiter aus, erlangte mit ihr Weltruhm, machte Tourneen in vielen Teilen der Welt. Filialen ihrer Schule etablierten sich in den sechziger Jahren in Tel Aviv, Bathseva und London (The London Contemporary Dance Theatre).

Mit ihren psychoanalytischen Entdeckungen revolutionierten Freud und Jung seinerzeit das menschliche Denken; auch die Graham ließ sich davon inspirieren. In ihren Tanzwerken, in denen oft literarische und mythologische Motive auftauchten, unterstrich sie stets die psychologischen Ge-

Martha Graham.
Zeichnung von Charlotte Trowbridge

Martha Grahams
»Lamentation« (Klage)

UR DANSMUSÉETS ARKIV

schehnisse. Hatte sie in ihrer Kompagnie bis 1938 nur Tänzerinnen beschäftigt, durchbrach sie nun diese Tradition und engagierte auch Tänzer: u. a. Merce Cunningham, Paul Taylor und Erick Hawkins. Dadurch bekamen die Choreographien mehr Spannung.

Gleichzeitig veränderte sie die Bewegungen – von einer agressiven Staccato-Form zu einem weicheren Legato-Stil; die schweren langen Tanzkostüme, die sie in den Frühwerken verwendete, veränderten sich nun in Farbe und Form.

Martha Graham revolutionierte die Tanzbühne auch durch ihr neuartiges Denken in bezug auf Licht, Szenographie und Musik. Sie arbeitete mit bildenden Künstlern, vor allem Bildhauern, zusammen und wurde von Louis Horst angeregt, neue Musik zu verwenden, oft speziell als Auftragswerk, komponiert von zeitgenössischen Musikern. Es ist Grahams Verdienst, daß der amerikanische Tanz der vierziger Jahre endlich den Status einer anerkannten Kunstart erhielt.

Doris Humphrey (1895–1958) und Charles Weidman (1901–1975)

Aus Denishawns Truppe kam auch Doris Humphrey, die über zehn Jahre an dieser Schule als Lehrerin, Tänzerin und Choreographin wirkte. Mit einem Tänzer aus der Truppe, Charles Weidman, verließ sie 1928 »Denishawn« und bildete mit ihm die Humphrey-Weidman Dance Company.

Charles Weidman
und Doris Humphrey

Humphrey war eine große Theoretikerin, die wie die Graham viel Mühe darauf verwandte, die Bewegungen zu erforschen. Bei diesen Studien fand sie, daß die Dynamik des Tanzes dem Verhältnis von Schwerkraft und Gleichgewichtslage des Körpers entsprang und eigentlich in der Pendelbewegung ihren Ursprung hatte, die zwischen kontrollierter Balance und Bewegung entstand (Fall/drop/recovery).

Größte Bedeutung hat Humphrey als Formenschöpferin und Pädagogin gehabt. In ihrem Buch »The Art of Making Dances« beschreibt sie ihre Methoden und Theorien. Höchste Anerkennung wurde ihr für die Choreographie eines Tanzwerks zuteil, das sie für einen ihrer Eleven, José Limón, schuf. Ihre Choreographien waren mitunter abstrakte Werke, Formexperimente mit sozialen und satirischen Kommentaren. Charakteristisch war ihr Interesse für Gruppenkompositionen. Sie liebte Barockmusik, verwendete indessen auch Klangillustrationen, die durch einfachste Instrumente oder ausgewählte Gegenstände hervorgebracht wurden.

José Limóns Choreographie
»The Unsung«

Mehr als zwanzig Jahre arbeiteten Doris Humphrey und Charles Weidman zusammen; er scheint weder ein Analytiker noch ein großer Tänzer gewesen zu sein, aber seine und Humphreys Ideen ergänzten einander. Er hatte Sinn für das Theatergerechte des Tanzes, war sozial engagiert und besaß viel Humor. Als Humphrey wegen eines Hüftleidens den aktiven Tanz aufgeben mußte, überließ sie Weidman die Kompagnie und arbeitete nur noch choreographisch für José Limón. Weidman gründete später eine eigene Schule und eine Tanztruppe mit Limón als »Star«-Tänzer.

Doris Humphrey und Charles Weidman hielten gemeinsam Vorlesungen und unterrichteten u. a. mit Martha Graham und Hanya Holm am Bennington College, wo von 1934 bis 1942 eine spezielle künstlerische Abteilung für Frauen existierte. Die Schule, in der auch Eleven bei Vorstellungen präsentiert wurden, trug zur Herausbildung unterschiedlicher Richtungen des Modern Dance in den USA bei und formte große Persönlichkeiten.

51

José Limón (1908–1972)

Dieser junge Mexikaner kam eigentlich in die USA, um Malerei zu studieren, wurde dann aber Tanzeleve von Doris Humphrey und Charles Weidman. Seine Tanzbegabung war außergewöhnlich, und er wurde schnell einer der führenden Tänzer in der Humphrey-Weidmanschen Truppe, in der er 10 Jahre, bis etwa 1940, blieb. Schon 1931 begann er mit eigenen choreographischen Arbeiten, und 1947 gründete er die eigene José Limón American Dance Company mit Doris Humphrey als stellvertretender künstlerischer Leiterin. Die anfangs kleine Gruppe wuchs schnell und wurde in kürzester Zeit zu einer der führenden Tanztruppen in den USA.

Limón formte Doris Humphreys Ideen und ihre spezielle Technik bald zu einem eigenen Stil. Lyrisch, elegant und kraftvoll war dieser Stil und näherte sich in vielem dem klassischen Tanz. Oft wiesen seine Arbeiten literarische Motive auf, umgesetzt in eine zeremonielle, monumentale Form. Seine hervorragendsten Choreographien entstanden von 1949 bis zu Humphreys Tod. Bis weit hinein ins 60. Lebensjahrzehnt stand Limon als Tänzer in eigenen Tanzwerken auf der Bühne. Die heute existierende Limón-Kompagnie lebt vom Erbe Humphreys und Limóns, nimmt aber auch Werke anderer Choreographen in ihr Repertoire auf.

Die zweite Generation in Europa

Kurt Jooss (1901–1979)

Er war der erste moderne europäische Choreograph, der sowohl dem Modern Dance als auch der klassischen Schule bestimmte Elemente entnahm und sie für seine dramatischen Tanzwerke nutzte.

Jooss wurde ein hingebungsvoller, enthusiastischer Anhänger Labans, den er während seiner Studien an Stuttgarts Musikalischer Akademie kennenlernte. Von 1922 bis 1923 arbeitete er dann mit Laban in Mannheim und Hamburg zusammen. Im Jahre 1924 gründete er gemeinsam mit Sigurd Leeder und anderen die Neue Tanzbühne in Münster, und nach weiteren Tanzstudien in Wien und Paris wurde er dann 1927 in Zusammenarbeit mit Laban der Leiter der Folkwang-Schule in Essen. Dort entwickelte er das Folkwang-Tanztheater, das bald von großer Bedeutung für das expressive moderne Tanztheater in Deutschland wurde. Pina Bausch, Susanne Linke und Reinhild Hoffmann sind einige der späteren Elevinnen der Folkwang-Schule.

Im Streit zwischen der abstrakten und sozialkritischen Richtung in der Kunst, der in den zwanziger Jahren neu begann, schloß sich Jooss letzterer an und ging zur »Neuen Sachlichkeit« (Verismus) über. Sein bekanntestes

Szene aus »Der grüne Tisch« von Kurt Jooss

FOTO: S. ENKELMANN

Gret Palucca (geb. 1902) wurde als eine
der hervorragendsten Vertreterinnen
des modernen deutschen Tanzes gesehen.
Sie war Elevin und Tänzerin bei Mary Wigman
und eröffnete 1925 in Dresden eine
eigene Schule, die 1939 von den Nazis
geschlossen, 1945 aber neu eröffnet
wurde. Sie galt als eine der führenden,
vom Staat unterstützten Schulen
in der ehemaligen DDR.

Werk, »Der grüne Tisch«, entstand 1929 als pazifistisches Pamphlet gegen Krieg und Machtstreben. In »Die Großstadt« zeigte er deutliches so-
zialkritisches Engagement.

Im Jahre 1933 verließ Jooss Deutschland und fand Zuflucht in England.
Er errichtete bei Dartington ein Tanzzentrum mit seiner Ballettkompagnie,
die nun in Balletts Jooss umgetauft wurde. Sie bestand bis 1947. Nach einem Chile-Aufenthalt lebte Jooss ab 1949 wieder in Essen, wo er die
Folkwang-Schule und deren Tanztheater neu etablierte und bis 1968 leitete.

Harald Kreutzberg (1902–1968) war Tänzer, Choreograph und Lehrer und wurde international bekannt als führender Interpret des modernen Ausdrucktanzes.

Auf der Experimentierbühne in Dessau präsentierte der Maler und Bildhauer Oskar Schlemmer in den 20er Jahren seine »Bauhaustänze«; sie bestanden aus experimentellen Erforschungen des Raums, der Form, der Gesten und des technischen Materials. Die Tänzer traten in maschinenähnlichen, phantasievollen Kostümen und Masken auf, begleitet von Schlagwerk. Dieses »Triadische Ballett« gehörte zu den ersten Choreographien, die nicht von professionellen Tänzern dargeboten wurden. Der Tänzer und Choreograph Gerhard Bohner erneuerte in den 70er Jahren Schlemmers »Triadisches Ballett«.

Die dritte Generation in den USA

Bisher waren es in den USA die Frauen gewesen, die als Choreographinnen, Tänzerinnen oder Pädagoginnen im modernen Tanz dominierten. Nun, in der Folgezeit, sind vornehmlich Männer Stilbildner und Erneuerer. Sie suchen neue Wege für den tänzerischen Ausdruck und opponieren damit gegen den gefühlsbetonten, psychologisierenden dramatischen Stil, den besonders Martha Graham vertrat. Sie meinen stattdessen, bereits die Bewegung, der Tanz sei sich selbst genug. Abstrakter Tanz, wie ihn Merce Cunningham vertrat, hatte nach dem 2. Weltkrieg Initialzündung für den postmodernen Tanz.

Merce Cunningham (geb. 1919)

Nach Studien im Step-, Volks- und Gesellschaftstanz kam Merce Cunningham 1939 an Martha Grahams Schule in New York, wirkte hier die nächsten fünf Jahre als Mitglied ihrer Kompagnie und studierte gleichzeitig Ballett am Studio des New York City Ballett, um sich klassische Technik anzueignen. Schon in den vierziger Jahren wirkte er als Solotänzer gemeinsam mit dem Komponisten John Cage, eine Zusammenarbeit, die Cunninghams choreographische Arbeit beeinflußte und vorantrieb.

Seine eigene Tanztruppe schuf Cunningham 1952; sie wurde schnell die meistbeachtete in der amerikanischen Avantgarde. Nun arbeitete er mit Künstlern wie Robert Rauschenberg, Jasper Johns und Andy Warhol zusammen, und Mitte der sechziger Jahre inszenierte er Tanzvorstellungen auch außerhalb des traditionellen Theatersaals, z. B. in Museen und Schulen.

Cunningham wurde von Einsteins Relativitätstheorie und – durch Cage – von buddhistischen Gedankengängen inspiriert und mehr und mehr beeinflußt. Indem er Zeit und Raum verwarf, konnte er das Tanzbild verändern und die Bewegung selbst zum Maßstab werden lassen. Zu Beginn der fünfziger Jahre schuf er sogenannte »chance works«, wobei er den Zufall gleichsam als Methode verwandte; so konnte z. B. das Los entscheiden, in welcher Reihenfolge welche Tänzer die verschiedenen Tanzmomente vorführen sollten.

Dann ließ Cunningham die verschiedenen künstlerischen Elemente – Tanz, Szenographie, Musik usw. – als selbständige Teile eines Werkes fungieren. Er meinte, der Zuschauer selbst habe zu wählen, worauf er seine Aufmerksamkeit richten wolle. Alle Ausdrucksformen, so unterschiedlich sie seien, würden als Teile einer Zeit und eines Raums gelten, seien gleichzeitig unterschiedliche und selbständige Ereignisse. Jemand hat einmal Cunninghams Tanzkompositionen als Uhrwerk beschrieben, in dem sich alles gleichzeitig bewegt, nur mit verschiedenen Geschwindigkeiten.

Es gibt bei ihm weder eine Erzählung noch Rollenfiguren, auch keine Solisten, vielmehr fungieren alle Tänzer als Individuen in unterschiedlichen Situationen. Statt den gefühlsbetonten Ausdruck zu vermitteln, wollte er, daß die Bewegung allein einen Handlungsablauf darstellt.

Sein besonderes Interesse für technische Neuerungen führte dazu, daß Cunningham schon früh elektronische Musik in seinen Werken verwendete. In den sechziger Jahren versah er die Bühne mit Radioantennen, in den siebziger Jahren mit Laserlicht; und er hat auch mehrere experimentelle Videofilme geschaffen.

Neben Grahams Trainingssystem beherrschte ohne Zweifel Cunninghams Stil seit den sechziger Jahren den Modern Dance der USA und Europas. Oft arbeitet er mit schnellen Gewichtverschiebungen und Änderungen der Bewegungsrichtung; der Körper wird so auf schnelles Reagieren, Flexibilität und absolute Kontrolle der Bewegung trainiert. Die Cunningham-Technik setzt den Balance-Punkt im unteren Teil des Rückgrats an – der Körper wird so geteilt, bildet scharfe Winkel: man geht, läuft und vollführt lange, horizontale Sprünge.

Alwin Nikolais (geb. 1912)

Durch Theater- und Kunststudien war Alwin Nikolais schon früh mit der Bühnenarbeit vertraut geworden. Er spielte auch Klavier, u. a. als Begleiter in Tanzklassen. Nachdem er Auftritte Mary Wigmans zu Beginn der dreißiger Jahre gesehen hatte, nahm er ein Studium an Hanya Holms Schule auf. Einige Jahre später legte er sein erstes choreographisches Werk für das Theater vor, und 1939 entstand sein erstes »reines« Tanzstück. Nikolais setzte seine Studien bei Graham, Humphrey-Weidman und Horst fort, ehe er Ende der vierziger Jahre seinen eigenen Stil zu entwickeln bemüht war.

Im Jahre 1948 wurde er Leiter des »Henry Street Playhouse«, eines experimentellen Zentrums für Theater inmitten der bunten Lower East Side in New York. Bald formte er die Schule nach seinen Vorstellungen vom neuen Tanztheater um. Auch ein Kindertheater baute er auf, das sich an »The Playhouse« anschloß, und er komponierte diverse Tänze dafür. Insgesamt war er zwanzig Jahre an dem Zentrum tätig, beendete jedoch seine Tänzerlaufbahn bereits Anfang der fünfziger Jahre.

Anfang der fünfziger Jahre begann Alwin Nikolais sich auch schon für Experimente mit Musik und Klängen zu interessieren, und 1958 ging er noch einen Schritt weiter und übernahm nicht nur den Einsatz der Licht- und Klangeffekte in seinen Kompositionen, sondern auch Bühnenbild, Kostüme und Requisite. Nun verwendete er die gesamte moderne technische Apparatur, die zu Gebote stand. Er begann, Klänge, Lichteffekte und Kostüme zu komponieren, und erst danach legte er die Bewegungen fest. In seinen abstrakten, oft absurden Werken ließ er die Tänzer schemenhaf-

Alwin Nikolais ist Vertreter der »massmedial choreography«; er ist verantwortlich für Choreographie, Inszenierung, Szenographie, Kostüme, Licht und Klang in seinen Werken.

te Gestalten der Natur sein, über Maschinen zu menschlichen Wesen werden. Auch nahm Nikolais bald ganz Abstand vom psychologisch-dramatischen Stil, der im Modern Dance noch bis zum Ende des 2. Weltkrieges vorherrschte. Bei ihm sind die verschiedenen szenischen Ausdrücke gleichsam die ineinandergreifende Voraussetzung für den Tanz, und nicht, wie bei Cunningham, selbständige Kunstformen, die unabhängig voneinander exponiert werden.

In den sechziger Jahren gelang Alwin Nikolais auch der Durchbruch in Europa, und unter seiner Leitung etablierte sich in den Jahren 1978 bis 1981 in Frankreich ein festes Ensemble.

Murray Louis (geb. 1926)

Zu den Eleven von Alwin Nikolais gehört auch Murray Louis; er war dessen enger Mitarbeiter am »Henry Street Playhouse« ab 1949 und teilte sich dann mit Nikolais die Verantwortung für die Schule des Nikolais Louis Dance Theatre Lab. Schon 1953 gründete Louis eine eigene Truppe, schuf für sie und andere eine Reihe von Choreographien. Louis' Tanzwerke sind durch sein Interesse an den unzähligen Ausdrucksmöglichkeiten des menschlichen Körpers geprägt, oftmals an isoliert wirkenden Bewegungen verschiedener Gliedmaße demonstriert. Er verfügte über große humoristische Fähigkeiten, und nicht selten findet man bei ihm mimische Elemente, allerdings in abstrahierter Form.

Zu den weiteren amerikanischen Persönlichkeiten auf dem Gebiet des Modern Dance zählt **Paul Taylor (geb. 1930),** der bei Graham, Humphrey, Limón studiert und als Tänzer in mehreren modernen Kompagnien, u. a. bei Cunningham und Pearl Lang, gearbeitet hat. Die erste eigene Choreographie realisierte Taylor 1953, und eine eigene Truppe bildete er 1954. Anfangs erregte er mit eigenwilligen Arbeiten viel Aufsehen, und bald betrachtete man ihn als einen selten phantasiebegabten, erfindungsreichen, musikalisch-humoristischen Tanzschöpfer.

Erick Hawkins (geb. 1909) schloß sich 1938 der Graham an und war bei ihr bis zum Jahre 1951 einer der führenden Tänzer. Danach gründete er eine eigene Truppe und präsentierte abstrakte, experimentelle Choreographien. Hawkins hatte bei Harald Kreutzberg studiert; später unterrichtete er in New York in seinem Spezialfach »Normative Theory of Movement«.

Pearl Lang (geb. 1922) war zunächst auch bei Graham und Horst, gehörte zu ihren hervorragenden Tänzern bis zum Jahr 1952; danach arbeitete er mit einer eigenen Truppe.

Lester Horton (1906–1953) griff Einflüsse des japanischen und indischen Tanzstils auf; unter seiner Leitung unternahmen die Lester Horton Dancers seit 1934 Tourneen an der amerikanischen Westküste. Ein eigenes Theater etablierte Horton 1948 in Los Angeles.

Der Begriff »jazz dance« tauchte offenbar 1917 zum ersten Mal auf. In den zwanziger Jahren nahmen dann die Weißen den Stil auf und führten ihn auch im Show Business ein. Heutzutage ist »jazz dance« ein Konglomerat aus Jazz, Modern Dance und Ballett. Die herausragenden Vertreter dieser Entwicklungsrichtung auf der Bühne waren:

Katherine Dunham (geb. 1912)

Zunächst studierte sie Anthropologie und hierbei insbesondere den Tanz der Schwarzen in Westindien. Mit ihrer 1940 in New York gegründeten Tanztruppe setzte sie sich das Ziel, vornehmlich ihre afroamerikanischen Tänzer vorzustellen. Damals entstand auch ihr erstes Broadway-Musical. Später arbeitete Katherine Dunham für Hollywood, aber 1945 bis 1955 entwickelte sich ihre Dunham School of Dance in New York zur Wiege des immer mehr akzeptierten »schwarzen« Tanzes. Großen Erfolg hatte die Dunham mit ihrem Tanzstil auch in Europa.

Jerome Robbins (geb. 1918)

Er erfuhr zunächst eine vielseitige Ausbildung, beschäftigte sich mit diversen Tanzstilen, ehe er sich entschloß, Ende der dreißiger Jahre in Broadway-Musicals aufzutreten. Sein erstes allgemein beachtetes Ballett entstand in Zusammenarbeit mit Leonard Bernstein; und hier wurde auch der Grundstein gelegt für seine späteren sensationell erfolgreichen Musical-Choreographien. Erinnert sei an seine »West Side Story«, eine moderne Saga mit Romeo-und-Julia-Thematik, angesiedelt im New Yorker Straßendschungel. Das Werk wurde richtungsweisend sowohl für den Jazz- als auch für den Amateurtanz.

Alwin Ailey (geb. 1931)

Er begann als Tänzer und wirkte dann als Choreograph in einer 1958 entstandenen berühmten Tanztruppe, die sich The Alwin Ailey American Dance Theatre nannte. Zuvor hatte Ailey zeitweilig die Leitung von Lester Hortons Tanztheater inne, agierte also nach dessen Tod 1953 an der Westküste. Alwin Ailey hat ungeheure Popularität erreicht, nicht zuletzt in Europa; sein choreographischer Stil ist eine Mischung aus primitivem Tanz, Modern Dance, Jazztanz und Ballett.

Modern Dance im Europa der Nachkriegszeit

Während der Nazizeit wurde die Entwicklung des modernen Tanzes auf dem europäischen Kontinent fast gänzlich zum Stillstand gebracht. Als Rudolf von Laban 1937 nach England ging, war dies wie ein Signal für weitreichende Stiländerungen. Mary Wigman hatte an künstlerischer Bedeutung verloren, und Kurt Jooss schon 1933 Zuflucht in London gesucht. Zwar versuchte Jooss, nach dem 2. Weltkrieg das Folkwang-Tanztheater zu reaktivieren, aber schon 1953 begann der Niedergang, und es lebte nur noch in vereinzelten Auftritten weiter. Mary Wigman konnte zwar 1945 in Leipzig ihre Schule wiedereröffnen, aber wenige Jahre später siedelte sie nach Westberlin um. Erst hier wurde ihr Studio Treffpunkt für Anhänger ihrer Stilrichtung, bis hinein in die sechziger Jahre.

Als Berlin wenige Jahre nach Kriegsende großartige, von den vier Besatzungsmächten generös unterstützte Ballettgastspiele erlebte, verstärkte sich eher noch das Gefühl des Zurückgebliebenseins und des »Nachholebedarfs«. Zweifellos trug die Sowjetunion mit ihren außerordentlich virtuosen klassischen Tänzern und Folklore-Ensembles hierzu bei. Die USA entsandten das New York City Ballet mit Balanchine und Robbins sowie Martha Grahams Company.

Jede Truppe bewies auf ihre Art die ungeahnte Lebenskraft der modernen Tanzkunst im Zeichen von Psychoanalyse und Symbolismus. Da war plötzlich die aufsehenerregende Erneuerung der Choreographien des Modern Dance spürbar!

Indessen gab es nennenswerte Neuansätze im europäischen Tanztheater noch vor Ende der fünfziger Jahre. Gleichsam als eine Art Ausbrecher-Truppe aus dem holländischen Nationalballett etablierte sich 1959 Nederlands Dans Theater unter Leitung von Hans van Manen. Weitere zehn Jahre später gab Englands ältestes Tanztheaterensemble, Ballet Rambert, seinen bis dahin ganz dominierenden klassischen Stil auf. Und 1967 entstand noch ein modernes Tanztheater in England: The London Contemporary Dance Theatre. Integrationsfigur für diese modern ausgerichteten Ensembles war Martha Graham. Etablierte europäische Theater luden nun oft Gastchoreographen aus den USA ein; und erst seit den siebziger Jahren erlangten auch europäische Choreographen zunehmende Bedeutung. Oft hatten diese einen klassischen Hintergrund, bezogen aber nun Elemente des Modern Dance in ihre Arbeiten ein. Inhaltsmäßig dominierten realistische Aspekte in den Balletten.

Zu den großen kontinentalen Namen des Modern Dance der Nachkriegszeit zählt **Maurice Béjart (geb. 1927),** der als klassischer Tänzer begann, sich dann aber auf den Neo-Expressionismus mit östlichem Einschlag orientierte. Béjart wurde 1960 Chef des Ballet du XXième siècle in Brüssel und machte es zu einem der bekanntesten Ensembles der Welt. Seine sogenannte Mudra-Schule schuf er 1970, und eine »Filiale« davon existierte zeitweilig in Westafrika. Es war ein neuartiges Studio, in dem die Möglichkeiten des »totalen Theaters« untersucht wurden.

Jiri Kylian (geb. 1947) übernahm Mitte der siebziger Jahre die Leitung des Nederlands Dans Theater und erwarb sich einen ausgezeichneten

Aus der Palucca-Schule kam Dore Hoyer (1911–1967), Tänzerin und Choreographin, die ihr ganzes Leben lang für den deutschen expressiven Tanz eintrat.

59

internationalen Ruf. **Christopher Bruce (geb. 1945)** schließlich wurde Tänzer und Choreograph am bereits erwähnten Ballet Rambert in London. Kylian mit seinem lyrisch-abstrakten Stil und Bruce mit seinem oft sozialkritisch geprägten Tanztheater gehörten zu jenen europäischen Choreographen, die ihre Arbeiten oft mit Ballett-Ensembles außerhalb der eigenen Häuser einstudierten.

Modern Dance in Schweden

In Schweden bildete sich frühzeitig ein großes Interesse für den neuen »freien« Tanz heraus. In der historischen Übersicht, die dieser tanzgeschichtlichen Studie vorangestellt ist, kann man die Entwicklung von 1900 bis in die Jetztzeit verfolgen.

In den sechziger Jahren entstand das Choreographische Institut Stockholm. Dorthin kamen Gastlektoren wie Kurt Jooss, Lukas Hoving, Gret Palucca und Jean Cébron, alles Vertreter des mitteleuropäischen Modern Dance. Die Tanzförderung war eng verbunden mit Gastspielen von Martha Graham und Merce Cunningham. Gegen Ende der sechziger Jahre etablierten Birgit Cullberg und Ivo Cramér eigene Tanztheater-Ensembles unter dem Dach des Nationaltheaters (riksteater), und im Repertoire wechselten Werke der modernen und klassischen Tanztechnik einander ab.

In den siebziger Jahren wurden junge begabte Choreographen bei USA-Aufenthalten vom amerikanischen Modern Dance beeinflußt; es entstand ein Tanzzentrum als Interessenorganisation der zahlreicher werdenden Tanzgruppen und Choreographen.

Birgit Cullberg (geb. 1908)

Aus dem Lager des Modern Dance kommend, ist sie die große Tänzerin, die das moderne dramatische Ballett im Schweden der Nachkriegszeit erneuerte. Heute zählt man sie, international gesehen, zu den wirklich großen Choreographinnen der Erde; viele ihrer Werke sind auf Tanzbühnen in der ganzen Welt aufgeführt worden.

Während ihrer Literaturstudien in Stockholm zu Anfang der dreißiger Jahre interessierte sich Birgit Cullberg erstmals ernsthaft für Tanz, und sie nahm kurzzeitig Ballettlektionen bei der Russin Vera Alexandrowa. Dann beschäftigte sie sich mit Modern Dance u. a. bei der Wigman- und Dalcroze-Elevin Jeanna Falk. Damals fanden in Schweden mehrere Gastspiele der Vertreter des deutschen »freien« Tanzes statt, und besonders begeistert war Birgit Cullberg von Kurt Jooss. Sie fuhr schließlich nach England und studierte zwischen 1935 und 1939 mehrfach an der Jooss-Leeder-Schule in Dartington. Von Jooss' dramatischem Stil wurde sie

Birgit Cullberg in »Kulturpropaganda«. Es gehörte politischer Mut dazu, 1940 Hitler zu karikieren.

FOTO: ANNA RIWKIN

stark angezogen und begann, Tänze »in seinem Geiste« zu choreographieren. 1944 begann sie eine Ausbildung in klassischem Tanz bei der Ballettpädagogin *Lilian Karina* in Stockholm, die 15 Jahre fortgeführt wurde.

Schon in ihren frühen Tanzwerken zeigte Birgit Cullberg als Tänzerin und Choreographin Proben ihres großen satirischen und humoristischen Talents. Ihre Tänze zeigte sie, ebenso wie die meisten »freien« Tänzer jener Zeit, auf Tanzabenden, die die Musikalische Akademie arrangierte, oder präsentierte sie in den Jahren 1939 bis 1945 im Stockholmer Konzerthaus. In den dreißiger und vierziger Jahren war sie bereits eine gesuchte Tänzerin für Revuen, u. a. bei Karl Gerhard im Volkstheater. Da geriet ihr Tanz nicht selten zur politischen Satire.

Seit 1939 hatte Birgit Cullberg mehrfach versucht, eigene Ensembles ins Leben zu rufen. Es kam noch zu zwei weiteren Versuchen, 1943 und 1949, ehe achtzehn Jahre später das jetzige Cullberg-Ballett etabliert wurde. In der Saison 1944-1945 und auch 1949 setzte das Nationaltheater Stockholm die Cullberg-Truppe immer wieder aufs Programm. In diesen Jahren entschloß sich Ivo Cramér, der bei der Cullberg Eleve gewesen war und zu ihrem Ensemble gehört hatte, zur Gründung des Schwedischen Tanztheaters (Svenska Dans-teater, 1946), in dem Cramér und Cullberg als Leiter fungierten.

Dieses Theater präsentierte Werke beider Choreographen, die sich im Stil erheblich voneinander unterschieden. Aber es entstand eine schlagkräftige Kombination, und das Ensemble unternahm daheim und im Ausland Tourneen. Trotz großer Erfolge ging das Ensemble bereits nach einem Jahr aus wirtschaftlichen Gründen ein.

Der große Durchbruch der Cullberg als Choreographin kam mit »Fräulein Julie«; die Nationaltheater-Premiere war 1950 in Västerås. Im selben Jahr erhielt sie die Chance, eine Version mit dem Opernballett einzustudieren, jetzt mit einer Szenographie Sven X:et Erixons. In »Fräulein Julie« zeigte sie eine neue Seite ihres Schaffens: ein realistisch-dramatischer, psychologisierender Stil, der von nun an prägend für ihre Ballette werden sollte. In Strindbergs »Julie« mischte Birgit Cullberg erstmals moderne mit klassischer Technik; und 1950 schuf sie auch die erste Version von »Medea« mit Maurice Béjart in der männlichen Hauptrolle.

Von 1952 bis 1957 wirkte die Cullberg als Choreographin am Opernballett in Stockholm, wo sie ihren speziellen Stil einführte. 1957 wurde ihr Vertrag nicht verlängert; sie blieb der Stockholmer Oper jedoch als Gastchoreographin bis 1963 verbunden. In den fünfziger Jahren interessierten sich auch andere institutionelle Theater in Skandinavien für Birgit Cullberg; 1959 bis 1965 war ihre große Auslandsperiode, in der sie ihre Ballette in Europa und den USA inszenierte. Ihr internationaler Durchbruch kam mit »Mond-Rentier«. Die Premiere war in Kopenhagen, danach

Birgit Cullbergs »Rapport« in
der Königlichen Oper Stockholm 1976.
Von ihren über 100 Werken seien hier
die bekanntesten genannt:
»Romeo und Julia«, 1. Version 1944,
3. 1969;
»Fräulein Julie«, 1950;
»Medea«, 1950;
»Das Mond-Rentier«, 1957;
»Das Spielwasser«, 1967;
»Eurydike ist tot«, 1968;
»Revolte«, 1973;
»Rapport«, 1976;
»Am Rande des Urwalds«, 1977;
»Kriegstänze«, 1979.

kamen zahlreiche Aufführungen u. a. in New York. Birgit Cullberg wurde
eine der führenden Choreographinnen Europas.

Nach Studien in den USA – Birgit Cullberg trainierte sowohl bei Martha Graham als auch bei Merce Cunningham – nahmen ihre Tanzwerke in
den sechziger Jahren eine mehr abstrakte Formensprache an. Bei Graham
wurde sie offensichtlich dazu inspiriert, skulpturale Formen und mythologische Motive zu verwenden. In den siebziger Jahren orientierte sich ihr
Werk am Sozialrealismus: mächtige Gruppenszenen entstanden, u. a. in
einer neuen Version von »Romeo und Julia« und in »Revolte und Kriegstänze«, beide für das Opernballett bestimmt.

Schon frühzeitig interessierte sich Birgit Cullberg für das Fernsehen;
sie schuf Ballette, die nicht nur gefilmte Vorstellungen, sondern direkt für
das Medium Fernsehen konzipiert waren. Das erforderte meist eine Umarbeitung des Balletts, um die räumliche Erlebniswelt den Bedingungen
des Mediums anzupassen.

Nun experimentierte sie auch mit der »Chromakey-Technik«, wobei der
Boden sich auflöste und die Tänzer auf der Szene gleichsam ein- und ausgingen, was so aussah, als »flössen« oder »flögen« die Tänzer ins Bild.
Mit dem Ballett »Roter Wein in grünen Gläsern« (1970) war Cullberg die
erste, die diese Chromakey-Technik in der Tanzkunst anwandte, was ihr
zum zweiten Mal den begehrten Prix Italia einbrachte.

FOTO: LEIF WIGH, RIKSTEATERN

Cramér-Ballett 1974:
»Poem im Volkston«

Das heutige Cullberg-Ballett etablierte sich 1967 mit einer Premiere am Stockholmer Stadttheater; im selben Jahr wurde es ins Nationaltheater eingegliedert, welches nun die ökonomische und administrative Verantwortung für das Ensemble übernahm. Das war ein wichtiger Schritt, um Modern Dance einem breiten Publikum im ganzen Lande zugänglich zu machen. Bis 1976, als ihr Sohn Mats Ek als Choreograph debütierte, dominierten Cullbergs Arbeiten im Repertoire. In den nächsten zehn Jahren wuchs der Anteil von Mats Eks Choreographien im Cullberg-Repertoire. Hervorhebenswert war stets das lebhafte Interesse des Ensembles für Arbeiten anderer Tanzschöpfer. So waren z. B. Jiri Kylian und Christopher Bruce Gastchoreographen beim Cullberg-Ensemble. In jüngster Zeit kamen experimentelle Choreographen wie der Schwede Per Jonson und der Franzose François Verret hinzu. Aber der Kern des Repertoires ist doch immer noch der modernen Tanztheatertradition verpflichtet, die Birgit Cullberg schuf und die von ihrem Sohn Mats Ek fortgesetzt wird.

Ivo Cramér (geb. 1921)

Auch er kann als Erneuerer des schwedischen Tanztheaters in den fünfziger Jahren angesehen werden, vor allem wegen seiner folkloristisch inspirierten Ballette. Sein Erzählstil war ein wenig anekdotisch und burlesk, mit mimischen Einschlägen. Nicht selten sind in seinen Tanzdramen religiöse und historische Motive anzutreffen. Cramér hatte bei der Cullberg und Jooss-Leeder studiert und war früh als Tänzer in das Cullberg-Ensemble gekommen. Schon 1945 gründete er sein erstes Cramér-Ballett, das aber bald einging. Beim Versuch, es umzuorganisieren und eine neue Truppe zu schaffen, etablierte er 1946, zusammen mit Birgit Cullberg, das Schwedische Tanztheater, das, wie oben erwähnt, auch nur eine kurzlebige Einrichtung war. Zwar versuchte Cramér, aus dem staatlichen Lotteriefond Mittel zu erhalten, um seine Tätigkeit fortsetzen zu können, aber er stieß auf Desinteresse, obwohl die Erfolge des Tanztheaters, auch außerhalb Schwedens, groß waren.

So widmete sich Cramér der Regiearbeit in verschiedenen Musiktheater-Inszenierungen in Schweden und im Ausland. Zeitweilig war er in den vierziger Jahren auch Ballettmeister in Lissabon. 1947 entstand die erste Version des »Verlorenen Sohnes«, ein Werk, das in späteren Inszenierungen fürs Opernballett zu seinen bekanntesten Arbeiten zählt. Seit den fünfziger Jahren gehörte Cramér als Choreograph zur Stockholmer Oper. Vor allem war er bemüht, die typisch nordische, volkstümliche Tradition in seinen Balletten zu pflegen. Als er die Oper verlassen hatte, schuf er mit seiner Ehefrau, der Choreographin Tyyne Talvo, 1968 ein neues, eigenes Ensemble: das Cramér-Ballett. Wie das Cullberg-Ballett ein Jahr zuvor wurde nun auch Cramérs Truppe Teil des Nationaltheaters. Im Jahre 1987 zerfiel sie, als das Nationaltheater nicht mehr zwei Tanztheater-Ensembles unter seinem Dach halten zu können glaubte. Ivo Cramér hatte schon 1975 die Leitung seines Ensembles aufgegeben und war Opernballettchef geworden. Das war er fünf Jahre lang, und in dieser Zeit hat er viele neue Kontakte zu modernen Choreographen auf dem europäischen Kontinent geknüpft, die dann Gastspiele in Stockholm gaben, z. B. John Cranko, John Neumeier, Hans van Manen und Jiri Kylian.

Von den vielen Werken, die Cramér in erster Linie für sein eigenes Ballett schuf, seien hier erwähnt: das historische und pantomimische Stück »Guten Abend, schöne Maske« über den Mord an König Gustav III., das religiös geprägte »Vater Unser« und das folkloristische Ballett nach biblischen Motiven, »Der verlorene Sohn«.

Birgit Åkesson (geb. 1908)

Eine der größten Individualistinnen der modernen Tanzszene, nicht nur in Schweden, sondern auch auf dem Kontinent, war Birgit Åkesson. Sie fing als Elevin bei Mary Wigman an und war ab 1931 auch ein paar Jahre Mitglied ihrer Truppe. Sie entfernte sich jedoch von dem Wigmanschen Stil und entwickelte bald eine eigene, originelle Bewegungssprache, sehr poetisch, mit rituellen Akzenten.

Ihr Solodebüt hatte Birgit Åkesson 1934 in Paris. Bis 1950 bereiste sie ganz Europa und die USA, während ihre Auftritte in der Heimat spärlich

Birgit Åkesson
in »Blauer Abend«

FOTO: SUNE SUNDAHL

blieben. 1946 hatte sie jedoch einen Soloabend im Stockholmer Konzerthaus unter dem Titel »Blauer Abend«, und 1955 folgte eine Solomatinee an der Oper.

In ihrem Werk »Auge: Schlaf im Traum« arbeitete sie mit dem Poeten Erik Lindegren und dem Komponisten Karl-Birger Blomdahl zusammen: es war der Beginn einer zehnjährigen Partnerschaft; auch mit anderen zeitgenössischen schwedischen Komponisten, Schriftstellern und bildenden Künstlern hat sie gearbeitet. Als Birgit Åkesson 1957 fest an der Stockholmer Oper angestellt wurde, um »Sisyphos« vorzubereiten, war sie zugleich die erste Choreographin, die moderne Tonkünstler vorstellte: Karl-Birger Blomdahl und Ingvar Lidholm wurden als Komponisten, die Maler Lennart Rodhe und Olle Bonniér sowie Lage Lindell als Szenographen verpflichtet.

Åkessons choreographische Werke verlangten am Opernballett die Anpassung der klassischen Tänzer an ihren Stil. Yvonne Brosset, Björn Holmgren, Marianne Orlando und Loulou Portefaix haben als Tänzer diesen Stil akzeptiert, später auch Margareta Åsberg, die bald die herausragende Interpretin Åkessonscher Bewegungskunst wurde. Starke Impulse vermittelte Birgit Åkesson auch mehreren Choreographen aus den siebziger und achtziger Jahren, darunter Greta Lindholm und Efva Lilja.

Auf Åkessons Initiative entstand 1963/64 das Choreographische Institut, deren Leiterin sie bis 1968 blieb.

In späteren Jahren widmete sie sich der Tanzforschung u. a. in Afrika und Asien. Ihr Buch »Des Quellwassers Maske« ist eine einmalige Dokumentation afrikanischer Riten und Tänze. In einer Reihe von Dokumentarfilmen für das Schwedische Fernsehen präsentierte die bekannte Künstlerin ihren Tanzstil und ihre Forschungsarbeit.

Mats Ek (geb. 1945)

Ehe Mats Ek 1976 als Choreograph debütierte, hatte er sich mit Theaterregie am Stockholmer Stadttheater und am Dramatischen Theater beschäftigt. In besonderem Maße ließ er dann später auch das Theatralische und Literarische in seine Arbeiten einfließen, vornehmlich für das Cullberg-Ballett. Bezeichnend für Eks Tanzwerk ist die sozialkritische Haltung; das Individuum sieht sich gegen die Gruppe gestellt, der Unterdrückte gegen den Unterdrücker (z. B. in »Soweto« und »Bernardas Haus«). Mit seinen, durch starke Gefühle, Satire und warmen Humor geprägten Choreographien hat Mats Ek enorme Popularität erreicht, nicht zuletzt beim jugendlichen Publikum. Respektlos hat er sich auch einigen Trumpfkarten des romantischen Balletts genähert: »Giselle« und »Schwanensee«, und zwar in kühnen, in der Gegenwart angesiedelten Versionen.

Mats Eks »Bernardas Haus«

FOTO: PAUL KNISPEL, RIKSTEATERN

66

Ulf Gadd (geb. 1943)

Ulf Gadd kann nicht direkt zu den Choreographen des Modern Dance ge-
zählt werden, aber ihm ist es zu danken, daß sich das Ballett des Großen
Theaters Göteborg seit Mitte der siebziger Jahre auf dem Gebiet des modernen Tanztheaters beachtlich profiliert hat. Gemeinsam mit dem Szenographen Sven Eric Goud leitete Gadd am Göteborger Theater, wo er
1976–1988 Ballettchef war, durch seine Original-Tanzwerke gewisserma-
ßen eine Revolution ein.

Postmoderner Tanz und das neue Tanztheater

In den sechziger Jahren richtete sich das Interesse wieder auf die führende
Nation des Modern Dance, die USA. Seit Beginn dieses Jahrzehnts spricht
man gern vom »postmodernen Tanz«, in dessen wechselnden Ausdrucksformen die künstlerischen und philosophischen Ideen der Zeit zusammen-
geführt worden sind. Der postmoderne Tanz übernimmt oft Elemente der
massenmedialen Gesellschaft: Medien wie Text, Film, Malerei und weitere Bildkunstformen, Video u. a., werden nun auf unterschiedliche Weise
in die Bühnenproduktionen integriert. In den siebziger und achtziger Jahren taucht jetzt häufig der Terminus »Multimedia« auf.

Der neue Ausdruck »post-modern dance« wurde von Sally Banes geprägt, einer amerikanischen Schriftstellerin und Kritikerin, zunächst, um
einen Stil zu beschreiben, den eine Gruppe Tänzer an der Judson Church
zu Beginn der sechziger Jahre als Abgrenzung und Reaktion gegen Modern Dance kreierte. Sie meinte, der postmoderne Tanz suche wieder die
ureigene Sprache des Tanzes und verwerfe daher Ausdruck, Virtuosität
und theatralische Elemente. Doch Sally Banes gesteht auch zu, daß dies
in den achtziger Jahren zu einer Entwicklung führte, die postmoderne Choreographen veranlaßt hat, in progressiver Weise just zu technischer Brillanz und theatralischem Ausdruck zurückzukehren.

In San Francisco hatte **Anna Halprin (geb. 1920)** schon Mitte der fünfziger Jahre ihre experimentellen Tanzwerke gezeigt, die junge Choreogra-
hen zu »happenings« oder »events« inspirierten. Sie fanden oft in unkon-
ventionellen Räumlichkeiten oder im Freien auf öffentlichen Plätzen statt.
Oft vereinte man Amateure und Professionelle in dem Bestreben, alles
Traditionelle im Tanzwesen sozusagen in den Alltag zu übertragen und in
Frage zu stellen. Die Akteure meinten auch, es sei des Zuschauers allei-
nige Sache, die eigenen Erfahrungen beim Erleben eines Tanzereignisses
zu verarbeiten.

Zu Anfang der sechziger Jahre entstand in Cunninghams Nachfolge in
New York eine Plattform für experimentellen Tanz. In Zusammenarbeit

mit bildenden Künstlern und Musikern gründeten einige Tänzer, mit Yvonne Rainer und Steve Paxton an der Spitze, das Judson Dance Theatre. Früh schlossen sich auch Deborah Hay, Simone Forti und David Gordon an. Aus dieser Truppe kamen viele neue Ideen, und Koproduktionen unterschiedlicher künstlerischer Ausdrucksformen sowie Experimente lösten einander ab. **Trisha Brown** plazierte z. B. vierzehn Tänzer auf Hausdächern in Manhattan und ließ bestimmte Bewegungen von Gruppe zu Gruppe sich auf den einzelnen Dächern fortpflanzen.

Steve Paxton, Erfinder der Trainingsform »Contact Improvisation«, ließ 22 Personen auf möglichst natürliche Weise von der einen Seite eines Raums zur anderen gehen. Die einzige Unterbrechung des Gehens bestand darin, daß einigen erlaubt wurde, sich für Sekunden in einen Sessel zu setzen. Das war die ganze Choreographie.

Zu den USA-Persönlichkeiten, die dem avantgardistischen Tanz wichtige Impulse gaben (und noch geben), zählen **Twyla Tharp, Meredith Monk, Lucinda Childs, Judith Dunn, Robert Dunn.**

Twyla Tharp (geb. 1942)

Twyla Tharp, die in den 60er Jahren zu den Rebellen der amerikanischen Tanzkunst gehörte, wurde Mitte der Siebziger trendbestimmend und in hohem Maße stilbildend für die junge Generation. Nachdem sie eine gediegene klassische Tanzausbildung und Musik- und Kunststudien absolviert und u. a. bei Martha Graham, Alwin Nikolais und Merce Cunningham trainiert hatte, tanzte sie von 1963–1965 in Paul Taylors Truppe.

Nach 1965 schuf Twyla Tharp so viel Eigenes in unterschiedlichen Stilarten und für verschiedene Tänzerkategorien und »Nichttänzer«, daß sie – wie Martha Graham zu ihrer Zeit – als bedeutende Avantgardistin gilt. Ein amerikanischer Tanzkritiker sagte einmal zu Tharps Erfindungsreichtum: »Sie hat ein solches Genie, daß IBM stolz wäre, dergleichen hervorgebracht zu haben ...«

Heute vermischt Twyla Tharp Jazz- und Ballettschritte in ihren Tänzen. Sie fordert äußerst geschickte Tänzer, die ihre plötzlichen Einfälle und ihren ganz besonderen »nonchalanten« Stil perfekt beherrschen. Sie interessiert sich für komplizierte Rhythmusstrukturen, die lange Repetitionszeiten benötigen und versteht es, die Persönlichkeiten ihrer Tänzer hervorzuheben. Twyla Tharp, die Rebellin der Sechziger, ist längst eine anerkannte und gesuchte Choreographin; so hat sie beispielsweise Arbeiten für das berühmte American Ballet Theatre gemacht, das eigentlich nur klassische Tänze im Repertoire hat.

Das Philobolus Dance Theatre

Zu Beginn der siebziger Jahre schlossen sich einige Studenten am Dartmonth College in den USA zu einem kollektiven Tanztheater zusammen, das allmählich den Namen Philobolus Dance Theatre annahm. Da die Gründer nicht Tänzer, sondern Sportler waren, enthielten ihre Arbeiten ganz andere Komponenten als den reinen Tanz: Aufbauend auf Akrobatik und Gymnastik, schuf die Gruppe bemerkenswerte, abstrakte Bühnenproduktionen mit einem ausgeprägten Gefühl für das totale Theater. In einem absurden und humoristischen Stil brachten sie seltsame organische Formen hervor, die nicht selten aus dem Pflanzenreich stammten: Philobolus = eine Pilzart. Je mehr dieses Theater weitere Tänzer an sich band, desto mehr näherte sich die Truppe in ihren späteren Arbeiten auch anderen Tanzformen.

Margareta Åsberg (geb. 1939)
Diese schwedische Tänzerin war zu Anfang der sechziger Jahre, neben Studien bei Martha Graham und an der Julliard School in den USA, mit den avantgardistischen Formen des Modern Dance in Berührung gekommen. Sie hatte eine klassische Ausbildung an der Stockholmer Oper von 1952–1962 hinter sich, als sie neue Impulse durch Birgit Cullberg und Birgit Åkesson empfing. Inspiriert von Birgit Åkessons Tanzstil und den USA-Studien, begann Margareta Åsberg noch während ihrer Zeit an der Oper mit eigenen choreogaphischen Bemühungen. 1967 wurde sie Lehrerin am Choreographischen Institut (heute Teil der Tanzhochschule).

Im Jahre 1979 bildete Åsberg die freie Tanzgruppe »Pyramiderna«, so genannt nach dem ersten großen Werk, das sie mit der Truppe einstudierte und in den großen Ausstellungshallen des Modernen Museums aufführte. Enge Kontakte hatte sie wegen der Szenographien ihrer Arbeiten auch zu bildenden Künstlern. Kern all ihrer Bemühungen ist die Erforschung von Raum, Zeit, Energie und Materie. In mehreren ihrer jüngsten Arbeiten, die sie mitunter »choreographisches Theater« nannte, hat Åsberg nach ganz neuen szenischen Ausdrücken gesucht. Literarische Texte haben große Bedeutung für sie; so nahm sie sich z. B. der dramatischen Arbeiten von Marguerite Duras und Heiner Müller an. Der Einfluß von Margareta Åsberg auf den neuen schöpferischen schwedischen Tanz und dessen Entwicklung ist außerordentlich groß.

Sie war es auch, die das Moderne Tanztheater auf Skeppsholmen in Stockholm initiierte: in einer ehemaligen Torpedo-Werkstatt entstand eine ständige Bühne für modernen, experimentellen Tanz und für angrenzende künstlerische Ausdrucksformen. Ihr 1986 gebildetes Tanztheater erhält u. a. Unterstützung von der Stadt Stockholm und vom Staatlichen Kulturrat.

FOTO: ANDRÉ LAFOLIE

Schon in den 60er Jahren wurde die schwedische Choreographin Margareta Åsberg in den USA vom amerikanischen Avantgarde-Tanz beeinflußt.
Bild aus »Arsinoe«, 1984.

Eva Lundqvist (geb. 1951) und die »Windhexen«
Auch diese Tänzerin hat mit ihrer Gruppe eine führende Position im freien (nicht an Institutionen gebundenen) Tanz in Schweden errungen. Eva

Vorstellung der
»Windhexen« mit »Die Lebenden«

Lundqvist entwickelte eine organische und reine Bewegungsästhetik; ihre Tanzwerke sind lyrisch und stark von der Natur inspiriert. Sie selbst hat gesagt, daß ihre Kindheit am Meer in Blekinge ihre Bewegungen geprägt habe. Schon das Geräusch des Atmens und der Fußsohlen ist für sie oftmals genügend »Musik«, aber sie verwendet auch speziell geschriebene Musik, mitunter »live« auf der Bühne produziert. Im »Glashaus«, im Stadtteil Söder in Stockholm, haben die »Windhexen« ein festes Domizil. Dort finden auch Kurse und Tanzgastspiele statt.

In Göteborg entfaltete die Tanzgruppe »Rubicon« seit langem vielerlei Aktivitäten, um die Positionen des Modern Dance in Westschweden zu stärken. Die Bühne »Junge Atalante« ist sowohl das eigene Haus der Truppe als auch eine geschätzte Gastspielbühne.

Im Winter 1990/91 wurde das seit langem geplante »Haus des Tanzes« in Stockholm eröffnet, und zwar in den ehemaligen Räumen des Stadttheaters. Darin befinden sich die Große Bühne für ausländische und größere nationale Gastspiele, die »Blaue Lade«, ein Saal für kleinere Inszenierungen und Ausstellungen, sowie das Tanzmuseum.

Die selbständige Choreographische Abteilung an der Stockholmer Hochschule für Tanz hat mehrere vielversprechende neue Choreographen hervorgebracht, die oft als Freiberufler und mit zeitweise zusammengestellten Gruppen arbeiten.

Das »Tanzzentrum« ist seit 1971 die schwedische Interessenvertretung der Berufstänzer und Choreographen des Modern Dance. Im Statut heißt es u. a., man wolle »experimentelle und neuartige Formen unterstützen« und »die Entwicklung künstlerischer Gemeinschaftsprojekte fördern«.

FOTO: ENAR MERKEL RYDBERG, OPERAN, STOCKHOLM

Per Jonsson:
»Die elfte Morgendämmerung«

FOTO: LENA SUNDBERG

Efva Lilja wählt oft Freiluftszenen
für ihre choreographischen Arbeiten,
wie hier in »Bryte« (Durchbruch), 1985.

Das »Tanzzentrum« soll im Sinne einer Popularisierung des Tanzes wirken, z. B. durch Tanzfestivals und andere Präsentationen.

So kann man auf eine interessante Entwicklung des schwedischen Modern Dance in unterschiedlichen Formen hoffen, u. a. mit Choreographen wie Per Jonsson, Anne Külper, Susanne Håkansson, Efva Lilja und Kenneth Kvarnström, um nur einige aus der schöpferischen Generation der achtziger Jahre zu nennen.

Pina Bausch (geb. 1940)

In einem neoexpressiven Stil, der schnell viele Nachahmer in Europas experimentellen Tanz- und Theaterkreisen fand, arbeitet die deutsche Choreographin Pina Bausch. Sie studierte einst an Jooss' Folkwang-Schule, später auch bei Limón; war in Essen Tänzerin ebenso wie in den USA. 1973 wurde sie Leiterin des Tanztheaters Wuppertal, besaß ein eigenes Ensemble, für welches sie eine Reihe aufsehenerregender Tanztheater-Werke schuf.

Pina Bausch folgt keiner traditionellen Dramaturgie; ihr Werk ist vielmehr eine Art Collage von Szenen. Die mitunter drei bis vier Stunden dauernden Vorstellungen enthalten auch Wort- und Gesangsbeiträge. Oft hat sie menschliche Einsamkeit und die Suche nach Kontakt in einem absurden Stil voller entlarvender Bilder behandelt: sie zeigt unsere Körper-

Pina Bauschs Tanztheater, Wuppertal »1980«

FOTO: PRESSENS BILD

sprache gleichsam in wiederholten und vergrößerten Alltagsgesten und Verhaltensweisen. Nicht selten geht sie auf Beobachtungen von Kindern über die Erwachsenenwelt zurück.

Von der Folkwang-Schule kommt auch **Reinhild Hoffmann (geb. 1943),** die 1978 bis 1986 zusammen mit **Gerhard Bohner (geb. 1936)** das Bremer Ballett leitete. Mitte der siebziger Jahre machte Bohner das Darmstädter Tanztheater zu einer der progressivsten Tanzbühnen in Deutschland.

Susanne Linke (geb. 1944) war eine der letzten Elevinnen von Mary Wigman in Berlin; sie arbeitete mit Pina Bausch und Gerhard Bohner zusammen und ist seither am Folkwang-Studio in Essen tätig.

Das Interesse für den expressionistischen Modern Dance in Mitteleuropa wurde also in den achtziger Jahren von Persönlichkeiten wie Pina Bausch, Reinhild Hoffmann, Gerhard Bohner und Susanne Linke erneut geweckt. 1986 waren hundert Jahre seit Mary Wigmans Geburt vergangen; das Jubiläum war Anlaß zu Ausstellungen und anderen Aktivitäten. All das trug in hohem Maße dazu bei, sich mit der Hoch-Zeit und den Protagonisten des mitteleuropäischen Modern Dance noch intensiver zu beschäftigen.

William Forsythe (geb. 1949 in New York) begann Mitte der siebziger Jahre seine aufsehenerregende Karriere als Choreograph in Deutschland, zunächst am Stuttgarter Ballett, später als Ballettchef in Frankfurt/M. Er ging von den Grundelementen des klassischen Balletts und Labans Bewegungstheorien aus, veränderte und durchbrach jedoch deren Bestandteile, um sie zu neuen Formen zusammenzusetzen. Sein Werk ist geprägt von großer Ironie und Freude am Formenspiel.

Französische Experimente

In den siebziger und achtziger Jahren zogen mehrere experimentierende Choreographen und Truppen in Frankreich große Aufmerksamkeit auf sich und verschafften damit dem Modern Dance Anerkennung und neue Freunde. Ermöglicht wurde diese Entwicklung wahrscheinlich durch die generöse Kulturpolitik der französischen Regierung in den siebziger Jahren, als man viele moderne Tanztruppen bildete, die staatliche Mittel erhielten und als regionale Ensembles ringsum im Lande etabliert wurden.

Zu dem wachsenden Interesse für Modern Dance in Frankreich trugen sicher auch die beiden USA-Tänzerinnen **Carolyn Carlson** und **Susan Buirge** bei. Beide hatten bei Alwin Nikolais gearbeitet, ehe sie nach Paris gingen. Carolyn Carlson leitete von 1974 bis 1981 eine eigene Experimentaltanztruppe an der Pariser Oper, und Susan Buirge besaß ein eigenes Tanztheater und eine eigene Schule in Paris.

Die neue Generation der französischen Choreographen scheint sowohl auf dem Avantgarde-Tanz der USA (Cunningham) als auch auf dem zentraleuropäischen Expressionismus (Bausch) zu fußen. Einige der interessantesten jungen Choreographen, die aus dieser Richtung hervorgingen, sind Jean Claude Galotta (mit der Gruppe Emile Dubois), Hideyuki Yano, Jean Pomarès, François Verret, Karine Saporta, Régine Chopinot, Daniel Larrieu und Maguy Marin.

Auch in Belgien und Holland entwickelte sich in den achtziger Jahren einiges im Modern Dance: Anne Teresa De Keersmaeker, Wim van der Keybus und Jan Fabre sind vielbeachtete belgische Choreographen; in Holland wirkt Krisztina de Châtel.

Buto

Im Schatten der Hiroshima-Bombe und unter dem Einfluß westlicher moderner Kunst entstand die japanische Tanzform Buto (= Tanz). Tatsumi Hijikata schuf 1957 den »Tanz der Zeugen« (Ankoku Buto), das erste Buto-Werk.

Eigentlich ist Buto eine Revolte gegen das moderne amerikanisierte Japan; dabei werden Elemente der streng ästhetischen traditionellen Tanzkunst Japans mit Einflüssen des modernen westlichen Tanzes verknüpft. Buto zeigt Züge von Theater, Mimik und Skulptur; und oft sind es Rituale über Tod, Leben und Wiedergeburt.

Die Bewegungen der Buto-Tänzer sind langsam, werden aber mit intensiver innerer Energie ausgeführt. Die oftmals nackten Körper sind ebenso wie die Gesichter weiß gepudert; diese Farbe ist in Japan das Todessymbol. Man sagt, Buto strebe danach, spontane Gefühle beim Zuschauer zu erwecken, die zu einer Veränderung des Individuums führen können.

Diverse Repräsentanten des Buto weilten mit ihren Gruppen zu Gastspielen in Europa; auch in Schweden tauchten sie zu Beginn der achtziger Jahre auf. Zu den bekannteren zählen Carlotta Ikeda mit ihrer Gruppe »Ariadone«, Min Tanaka und Sankai Juku.

Die japanische Tanzform »Buto« vereint japanische Ästhetik mit westlichem Ausdruck des Modern Dance und war anfangs ein flammender Protest gegen die Hiroshima-Bombe.

4 Charakteristische Merkmale und Terminologie

Positionsbezeichnungen
werden heute aus der klassischen Terminologie übernommen und gelten auch für parallele Positionen.

Die Beine
sind oft parallel gestellt, aber auch nach außen gedreht, jedoch nicht mehr als 120°.

Die Arm- und Beinbewegungen
folgen mehr choreographischen Impulsen als einem festen Regelsystem. Man kann jedoch nicht umhin, gewisse Stilgewohnheiten, also schon fixierte Formbegriffe, zu beachten.
»Gegebene« natürliche Bewegungen gehören sowohl zum Training als auch zur Choreographie, z. B. Gehen, Laufen, spontane Sprünge, Stampfen. Diese Momente bilden oft den choreographischen Grundstamm.

Die Füße
sind gestreckt oder angezogen (flexed).

Der Rumpf
Die Bewegungen in der Wirbelsäule weisen eine Vielfalt auf, wie sie im klassischen Ballett nicht vorkommt. Eine Region über dem Nabel (Solarplexus), die das Sonnengeflecht birgt, wird zu einem imaginären Zentrum des Bewegungsbewußtseins, der Konzentration und der bewußten Beachtung der Atmung und auch des zentralen Schwerpunktes. Der Ursprung dieser Bewegungsauffassung ist im Yoga und in asiatischen Bewegungsformen zu finden. Die akzentuierten Beckenbewegungen hingegen lehnen sich an die afrikanischen rituellen Tänze und den Jazz an.

Zeit und Raum
Diese Begriffe sind oft Themen choreographischer Werke des Modern Dance, ganz im Unterschied zu den strengen Anforderungen des Balletts, ein ästhetisch raffiniertes Linienspiel auszudeuten, und zwar mit Rücksicht auf die Perspektive, und eine genau festgelegte Beziehung zu Rhythmus, Taktart und Phrasierung der Musik.

Der Boden

wird vielseitig genutzt; man sitzt, liegt, kniet, auf einem Knie oder beiden (Graham). Das bereichert die Bewegungsskala und gehört unbedingt zur Choreographie.

Anthropologische/ethnische Tanzelemente

Viele Pioniere des Modern Dance ziehen Kulturen vor, die religiös oder philosophisch motivierte Bewegungsrituale und Gesten (Asien, Afrika) aufweisen.

Stile

Es existieren mehrere subjektive »Stile«, Schulen und Methoden.

In vielen Fällen sind sie anfangs von einem einzigen Tanzschöpfer erarbeitet worden, oft mit Hilfe seiner Eleven oder Nachfolger. Das Trainingssystem, das eine gewisse Allgemeingültigkeit beansprucht, fußt oft auf den Werken erfolgreicher Choreographen. (Die erfolgreichste überhaupt, die Graham-Technik, wird durch engen Kontakt des Tanzenden zum Boden gekennzeichnet.)

»'Contraction' und 'release', Begriffe aus der Graham-Technik, sind vergleichbar mit dem Atmungsprozeß und ermöglichen fließende Kontinuität der Bewegung, die auf unzählige Arten ausgenutzt werden kann.« (R.Sabin)

Tänzerische, gymnastische und choreographische subjektive Bewegungen werden oft als Trainings-, Improvisations- und Kompositionsmuster verwendet.

In vielen Fällen zielt die Bewegungsskala darauf ab, die Phantasie und das Bewegungsbewußtsein des einzelnen Tänzers zu wecken. Sie strebt in gewisser Hinsicht danach, die schöpferischen Fähigkeiten auf Kosten einer vielseitigen, disziplinierten Ausbildung des Körpers auszuweiten. Das war am häufigsten in den alten Schulen des Ausdruckstanzes der Fall, solange sie unverfälscht in der Zeit ihrer Entstehung wirkten, u. a. bei Duncan, Laban, Wigman.

Diese Methoden standen in krassem Gegensatz zu denen des klassischen Balletts mit ihrer vieljährigen, langsamen Ausbildung, die schon in frühester Kindheit beginnen mußte. Die neuen Systeme gaben begabten Menschen, die sich dem Tanz widmen wollten, gleich die Chance zur Entfaltung ihrer künstlerischen Qualitäten, auch wenn sie mit dem Tanzen erst in reiferem Alter begannen.

Arabesque

Arch

Attitude

76

Tanztechnische Termini

Hier folgen einige tanztechnische Termini; auf sie stößt man vor allem im praktischen Tanztraining. Viele dieser Termini entstammen dem klassischen Ballett, werden aber auch im Modern Dance und Jazztanz verwendet.

Akzent
Betonung, um ein Bewegungselement hervorzuheben (vgl. die rhythmisch-musikalischen Akzente und auch den Akzent der Rede)

Adagio
Lat. ad agio = ohne Eile. Langsame Bewegung (bzw. Bewegungen)

Arabesque
Frz.= Stellung /Pose mit angehobenem gestreckten Bein, rückwärts und in verschiedenen Höhen

Arch
Engl. = Bogen. Anheben des oberen Brustkorbs zu einem Bogen

Attitude
Frz.= Haltung. Heben des sich bewegenden Beins rückwärts (auch in andere Richtungen) mit gebeugtem Knie (in verschiedenen Höhen bis zu 90°)

Battement
Frz.= Schlag, z. B.«grand (= hohes) battement«. Das Spielbein wird von der Hüfte aufwärts mit gestrecktem Knie geworfen; das kann in verschiedene Richtungen erfolgen, d. h. vorwärts, seitwärts, rückwärts, und mit unterschiedlicher Dynamik, gestoßen, gesprungen, geführt. Man geht von einer ausgestellten oder parallelen oder Auswärtsposition aus.

Battement tendu
beginnt wie das »grand battement«, bis der Fuß ganz gestreckt ist. (Das Heben bleibt aus.)

Bounces
Engl.bounce = aufhüpfen. Kleine federnde Bewegungen mit beiden Knien, in stehenden oder auch hockenden Stellungen

Brushes
Engl.brush = Bürste. Der Fuß wird mit einer bürstenähnlichen Bewegung über den Boden geführt. Wird oft in Verbindung mit einem Beinschwung (legswing) angewendet.

Center
Engl. = Mittelpunkt. Der oft gedachte Punkt, von dem angeblich die Bewegung herrührt. Gewöhnlich um den Nabel herum. Dieser Begriff muß in vielen Fällen als Metapher angesehen werden; wendet sich dann an unsere Vorstellungskraft und Konzentration.

Chassé
Frz. chasser = jagen, antreiben. Gleitende Schritte mit oder ohne Fußwechsel

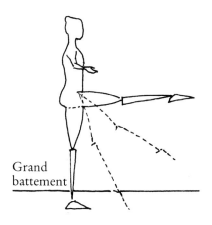

Grand battement

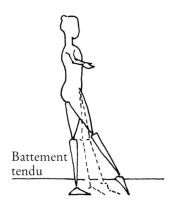

Battement tendu

Bounces

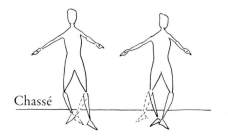

Chassé

Contraction-release

Développé

Contraction – release

Engl. contract = zusammenziehen; release = lösen. Kontrastierende Bewegungen im Torso. Im Rahmen der Graham-Technik soll »contraction« äußerstes Ausatmen bedeuten und »release« vollständiges Einatmen. Die mitteleuropäische Schule, vertreten durch Rudolf von Laban und seine Nachfolger, spricht stattdessen von den Kontrasten »Spannung-Entspannung«. Man vergleiche auch unten: »fall – recovery« und »tension – relaxation«.

Degagé

Frz. = losgelöst. Strecken des sich bewegenden Beines ohne Anheben und ohne eine Verschiebung der Gleichgewichtslage des Körperzentrums

Développé

Frz. = entwickelt. »Weiches« Heben des sich bewegenden Beines, das mit gebeugtem Knie zu gewünschter Höhe aufwärts geführt, dann gestreckt, unter Kontrolle gestreckt gehalten und sodann wieder gestreckt abwärts geführt wird.

Diagonal

Einteilung des Raumes von Ecke zu Ecke; der längste gerade Weg, den man bei der Bewegung im rechteckigen Raum erreichen kann.

Extension

Engl.= Ausstrecken. Das Vermögen, das gehobene Bein auszustrecken (z. B. beim développé) und es in der gewünschten Höhe zu halten.

Drop–recovery

Fall (oder drop-) recovery

Engl.= Fall – Erholung. Kontrastierende, dynamische Elemente, die die Basis in Doris Humphreys Technik bilden. (Vgl. die Begriffe »contract – release« und »Spannung – Entspannung«)

Fokus

Zentrum der Aktivität oder Aufmerksamkeit (siehe auch den Begriff »spot«)

78

Jeté

Jeté

Frz. = geworfen. Hier ist der »pas-jeté« gemeint, der den Sprung von einem Bein auf das andere bezeichnet. Das arbeitende Bein wird entweder vorwärts, zur Seite oder rückwärts geworfen. Wird in alle Richtungen hin und in unterschiedlichen Höhen mit großen Variationen der Sprunghöhe und Schlußstellung (Pose) ausgeführt.

Leap

Engl. = springen. (Großer) Sprung, Satz; vgl. grand jeté

Leg swing

Engl. = Beinschwung, mit gebeugtem Knie; vor- und rückwärts, durch die erste Position, sowohl parallel als auch auswärts

Level

Engl.= gleiche Höhe, Niveau. Bezeichnet das Niveau der Bewegung respektive des ganzen Körpers; niedrig und hoch im Raum, das lotrechte Ausdeuten des Raums.

Off balance

Engl. = aus der Balance. Bewegungen, die Momente einschließen, in denen der Körper sich zwischen Gleichgewicht und Fall befindet.

Pas

Frz. = Schritt, z. B. »Pas de bourrée« bezeichnet kleine, schnelle Schritte mit oder ohne Fußwechsel. Wird in verschiedene Richtungen hin ausgeführt. »Pas de chat« (Katzenschritt) bezeichnet einen Sprungschritt mit gebeugten Beinen ohne Fußwechsel.

Grand jeté

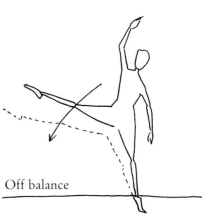

Off balance

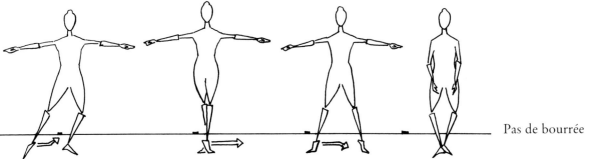

Pas de bourrée

Piruett

Phrase
Eine Folge von Bewegungen oder Tönen, die zusammengehören (vgl. Rede- und musikalische Phrase)

Pirouette
Frz. pirouette = Drehung. Drehen um die eigene Achse. Eine oder mehrere Pirouetten auf einem Bein können in verschiedenen Stellungen und Höhen vollführt werden, begonnen und abgeschlossen in unterschiedlichen Positionen oder Posen: Auswärts-Drehung = »en dehors«; Einwärts-Drehung = »en dedans«.

Plié
Frz. = gebeugt. Kniebeuge auf einem oder beiden Beinen und in stehender, aber nicht unbedingt aufrechter Haltung.
Demi-plié: »halbe« Kniebeuge, wobei die Fersen am Boden bleiben, z. B. zur Vorbereitung oder als Abschlußmoment von Sprüngen, Schritten, Pirouetten.
Grand-plié: ganze Beugung, wobei die Fersen etwas vom Boden gehoben werden dürfen, außer in der 2. Position.

Plié

80

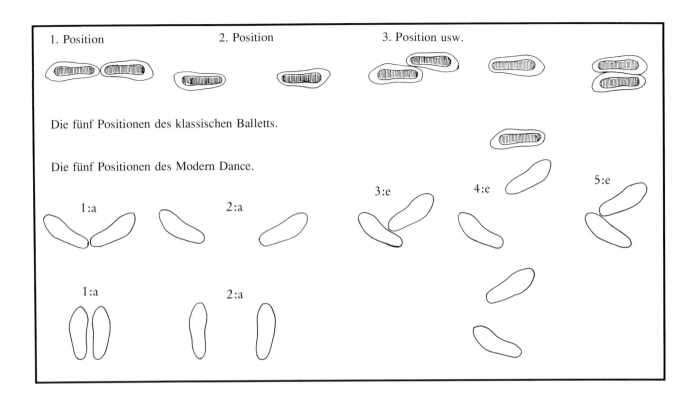

1. Position 2. Position 3. Position usw.

Die fünf Positionen des klassischen Balletts.

Die fünf Positionen des Modern Dance.

1:a 2:a 3:e 4:e 5:e

1:a 2:a

Positionen
Stellung der Füße (im klassischen Ballett auch festgelegte Armpositionen). Im Modern Dance verwendet man sowohl parallele als auch nach außen stehende Positionen (doch nicht mehr als ca. 120°).

Prances
Engl. prance = stolzieren, trippeln. Kleine trippelnde Sprungschritte mit federnden Füßen

Relevé
Frz. = Heben. Das Anheben auf »halbe Höhe«

Richtungen
Vorwärts, zur Seite, rückwärts, diagonal, im Kreis

Skip
Engl. = Sprung, Satz, Hopser (kleiner Sprung)

Spot
Engl. = Punkt, Fleck. Bei schnellem Drehen (Pirouetten). Auch bei Wendungen angewendet. Man fixiert einen gewissen Punkt im Raum, dreht den Kopf, um mit dem Blick den Fokus (s. o.) wiederzufinden, schneller als den Rest des Körpers.

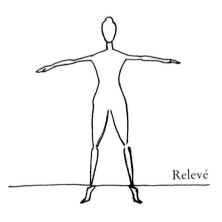

Relevé

Tilt

Stil

Die charakteristische Art, sich zu bewegen, z. B. historischer, nationaler oder persönlicher Stil. Z.B.: Graham-, Humphrey-Stil

Swing

Engl.= Schwung. Armschwung oder Beinschwung (s.leg swing)

Tension – relaxation

Engl.= Anspannung – Entspannung/Erschlaffung. In amerikanischen modernen Techniken das Gegenstück zu dem mitteleuropäischen Begriff der »Spannung – Entspannung«.

Tilt

Engl. = anlehnen. Anlehnen des Körpers

Torso

Rumpf, inklusive Schultern und Hüften

Triplets

Frz. triplett = Dreiergruppe. Dreischritt, oftmals mit einer Betonung auf dem ersten Schritt, der in plié ausgeführt wird.

Turn

Engl. = Wendung

5 Einige Betrachtungen aus tanztechnischer, anatomischer und physiologischer Sicht

Es ist kaum möglich, den freien Tanz als eine einheitliche Stilgattung zu betrachten, wenn man dessen technische Anforderungen aus »anatomischem« Blickwinkel beurteilen will. Modern Dance verändert sich ständig, lebt und entwickelt sich in allen seinen Formen und beweist eine bewunderungswürdige Lebenskraft.

Einige der wichtigsten Methoden, die Bewegungssysteme entwickelten, sind: *Dalcrozes* rhythmische Übersetzung der Musik in Körperbewegung; Isadora *Duncans* immer noch lebendige Bewegungsfolgen; Rudolf von *Labans* Analysen der Tanzbewegung, seine Muster und Symbole, seine Tanztherapie und seine Tanzschrift, die Laban-Notation – all diese Schöpfungen, die seine Schüler und Nachfolger weiterentwickelten.

Die am häufigsten verwendeten, aus den USA kommenden Systeme sind:

Martha Grahams choreographische Etüden, die zur »Schule« wurden. Außerdem lieferten Doris Humphrey, José Limón und Merce Cunningham Grundlagen für Stile, die sich in ihren typischen Bewegungsformen ausdrücken. Sie mischen sich mit den tänzerischen Einfällen anderer Choreographen. Es hängt stets vom vermittelnden Tanzkünstler, vom Lehrer ab, wie inspirierend und wertvoll sie werden.

Gemeinsame Prinzipien: Trotz aller Vielfalt ist es möglich, gemeinsame charakteristische Prinzipien des Modern Dance, des »freien« Tanzes, zu nennen. Zusammenfassend möchte ich folgende hervorheben:

Das bewußte aufrechte Stehen ist der Ausgangspunkt für alle Bewegungen; etwas flacher als beim Ballett. Die Beine stehen parallel (das Nach-außen-Stellen gehört nicht zur Grundhaltung), das Becken ist über dem Hüftknochen etwas gesenkt, so daß die Muskeln, die die Knie strecken, als angezogen empfunden werden.

Becken: Das Becken spielt eine bewegungsaktive Rolle. Die Graham-Technik bewegt sich um zwei Achsen, eine vertikale, die der Schwerkraft folgt, und eine horizontale, die die Basis für die Beckenbewegungen bildet.

Bewußtes Atmen: Das bewußte Atmen, beinahe schon beschrieben als eine choreographische, d. h. tanztechnische Bewegung, ist ein wichtiger Aspekt im Modern Dance. Die Übung »Contraction« und »release« (an-

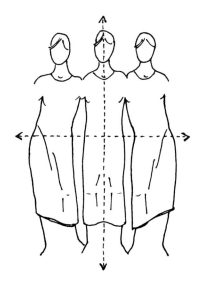

fangs eine Yoga-Übung, um die Atemmuskeln zu stärken) wird in Martha Grahams Modell ein künsterisches Bewegungselement, das in hohem Maße die Choreographie bereichert.

Die Bedeutung des Atmens für den Modern Dance pflegt stets hervorgehoben zu werden; effektive Atmungsübungen kommen im heutigen Tanztraining jedoch selten vor. Man vergleiche die aus England und den USA kommende Tanzgymnastik »Callisthenics«, die z. B. Atmungsübungen vorschrieb. Die »Mazdanan«-Atmung spielte besonders bei Jutta Klamt eine Rolle, die eine der großen Schulen des Modern Dance in den dreißiger Jahren in Berlin führte. Der physiologische Verlauf des Atmens erhielt in Mary Wigmans expressionistischem Tanz und in Martha Grahams »contraction-release« seinen tänzerischen Ausdruck. Heute bereichert diese Bewegung die Ausdruckskraft gewisser Stile des Modern Dance. Ausnahmen hiervon bleiben natürlich die traditionellen Choreographien des klassischen Balletts und die europäischen Volkstanzstile.

Fernöstliche Glaubensvorstellungen: Sie gelten als Inspirationsquellen: der Atem wird als verantwortlich für Wiedergeburt, Reinkarnation verstanden, so z. B. in der indisch-hinduistischen Weisheitslehre. Atemtechnik findet sich als rituelles Lehrgebiet in den tausendjährigen Veda-Schriften oder in der chinesischen und japanischen Meditationsphilosophie.

Off Balance: So werden Bewegungen genannt, die den Augenblick zwischen »balance and fall« einschließen. Wir dürfen in diesen schwebenden Lagen nicht das Gefühl für die »Plazierung« verlieren, d. h. für die verschiedenen Körperteile im Verhältnis zueinander und in Relation zu den Kräften, die auf den Tanzenden einwirken, und die genutzt oder gedämpft werden können, alles abhängig vom beabsichtigen Ausdruck der Tanzbewegung. Der Augenblick zwischen »balance and fall« erfordert volles Körperbewußtsein.

Levels: Das ist die Bezeichnung für die Bewegungsskalen des Modern Dance, diese unerschöpfliche Vielfalt in liegenden, sitzenden und knienden Stellungen. Zu empfehlen ist, die Schwerkraftverteilung festzustellen, um unnötige Spannungen zu vermeiden, und dann zu beachten, daß die »Spannung und Entspannung«, hier gemeint in der Koordination der Muskelarbeit, auch in komplizierten Lagen unter Kontrolle ist.

Wenn es sich um Stellungen auf einem Knie oder beiden und insbesondere um die Fortbewegung auf Knien handelt, können wiederholte Belastungen durchaus den Knien und der Spannkraft jener Muskeln schaden, die die Knie strecken, so daß mit der Zeit der Muskelschutz sich verringern oder sogar fast verschwinden kann.

Bewegungszentrum: Hinsichtlich des klassischen Balletts bzw. der Bewegungen, die der Modern Dance und der Jazz von ihm übernommen haben, sind wir heutzutage völlig einig, daß der Begriff Bewegungszentrum unsere Schwerkraftverteilung als Kontrollzone zur Gravitation benennt, d. h. die Kraft, die unseren Körper anzieht. Das Schwerkraftzentrum in stehender Stellung befindet sich in der Nähe des Nabels. Für den Modern-Dance-Tänzer hat das Torsobewußtsein seit den ersten Tagen des »freien Tanzes« auch eine metaphysische Bedeutung gehabt. Damals wurde sie zur metaphysischen Voraussetzung und zum Symbol dafür, daß man die Bewegungen des tanzenden Körpers in seiner Relation zum »Kosmos« erleben konnte.

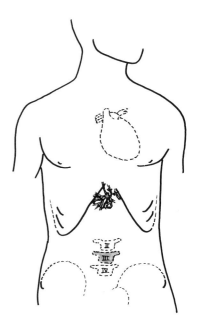

Dies betonen Duncan und Laban in ihren Schriften. Die Absicht bestand darin, im Zustand äußerster Konzentration Impulse an die Umwelt vermitteln, ja »ausstrahlen« zu können.

Nach Stunden der Meditation glaubte Isadora Duncan, dieses Zentrum an einer Stelle oberhalb des Nabels gefunden zu haben, an einer Fläche, wo das Nervengeflecht des Bauches, der Solarplexus, sich befindet.

Ist der Muskelsinn der 6. Sinn des Tänzers?
Zu den unschätzbaren revolutionierenden Leistungen der Anhänger des Modern Dance gehört, daß sich dessen Schöpfer in Bewegungsprobleme vertieften, ihre Erfahrungen und Analysen beschrieben und die ästhetischen und philosophischen Ideen proklamierten, die ihr Bühnenwerk und ihre Pädagogik bestimmten. Sie legten großes Gewicht auf die Fähigkeit des Körpers, bewußte Bewegungen auszuführen. Der sogenannte kinästhetische Sinn, das Zusammenspiel zwischen Nerven und Muskeln, wurde zu einem Teil ihres künstlerischen Ideenguts.

Das klassische Ballett stellte stets hohe Anforderungen an die Balance. Der Muskelsinn wurde nicht besonders betont. Er war in erster Linie eine indiskutable Voraussetzung, um schwierige Balance-Anforderungen zu erfüllen.

Die Organe des Muskelsinns liegen in Muskeln und Sehnen und werden durch Veränderungen in Länge und Spannung der Muskeln stimuliert. Sie sind an den Gleichgewichtssinn gekoppelt und und geben Auskunft über unsere Bewegungen, unsere Haltung, unsere Balance, unsere Stellung im Raum. Der Muskelsinn wirkt mit dem Gesichtssinn zusammen, mit dem Gehör und dem Tastsinn, und ist er erst einmal trainiert, wirkt er und kann uns führen, ziemlich unabhängig von den übrigen Sinneswahrnehmungen.

Um den Muskelsinn zu stimulieren und die Wahrnehmung zu verdeutlichen, rät Rudolf von Laban, sich während der Bewegung die uns umgebende Luft als ein schwereres Element vorzustellen, eher dem Wasser als der Luft ähnlich, und zwar, um ein Kraftfeld in den arbeitenden Muskeln zu schaffen und dadurch die Wahrnehmung der Bewegung zu verdeutlichen. All das könnte uns auch an das chinesische Schattenboxen erinnern, an »T'ai Chi«. Man bewegt sich langsam und ohne Unterbrechung, so als »schwebe« man unter Wasser.

Nackt drückte Grete Wiesenthal
die neue, gewagte Körperkultur aus;
Protest gegen Frauenunterdrückung
durch Kleidung und Sitten

Die Fähigkeit des Muskelsinns, an der Perzeption, d. h. Wahrnehmung teilzunehmen, kann uns auch helfen, in unserem eigenen Körper, in unseren eigenen Muskeln und Nerven, die Bewegungen anderer zu erleben, die wir sehen, fast so, als wären sie unsere eigenen! Voraussetzung dafür, daß wir wirklich stimuliert und davon gefangen werden, oder daß wir sie genießen können, ist jedoch, daß uns die Bewegungen bekannt sind: in der Haltung, in der Aussage, in ihrer symbolischen Bedeutung, in ihrer Ästhetik und ihren »Spielregeln«.

Je näher die Bewegungen unseren eigenen Erfahrungen sind, desto tiefer können wir sie erleben. Man denke an die Vorliebe des Ballett-Liebhabers für bekannte Partien, oder wie jeder selbst Tanzende enthusiastisch mitgeht, wenn er gerade den Stil sieht, den er als seinen eigenen gewählt hat!

Das Zeitalter der Videotechnik eröffnet dem Tänzer früher nicht zugängliche Möglichkeiten des Lernens durch Betrachtung. Nicht übersehen werden sollte jedoch die Gefahr des Imitierens statt des eigenen Erlebens beim Tanzen.

6 Die Bildsprache des Tanzes

Nicht immer folgt die ureigene Bildsprache des Tanzes, seine Metaphorik, irgendwelchen anatomischen Einsichten. *»Alle Bewegungen gehen vom Solarplexus aus!«* Das war einst der Ausgangspunkt für die Analysen Isadora Duncans. Übrigens scheint diese Überzeugung in vielen Richtungen der neuen »freien« Tanzpädagogik und -kunst zu ihrer Zeit weit verbreitet gewesen zu sein, und sie ist es heute noch.

»Die Wellen-Bewegung gilt auch für den Körper!« war ein anderer Grundsatz, und man erinnere sich auch an die hochtrabende Formulierung *»Ich und das Universum«,* die Duncan, Laban und Wigman einst proklamierten!

Rudolf von Laban hat mehrere Generationen mit seiner Bewegungslehre beeinflußt, die er erstmals 1920 unter dem Titel »Die Welt des Tänzers« veröffentlichte. Viele seiner Thesen und Analysen bewegen sich in metaphysischen Sphären. Das wird auch in seinen Äußerungen deutlich, z. B.: *»Die Tanzschrift ist ein Versuch, sich dem Universum zu nähern.«*

Jahrzehnte später entwickelten seine Schüler, allen voran Lisa Ullman, Kurt Jooss und Albrecht Knaust, sein Werk weiter, kamen zu realistischeren Einsichten und ermöglichten die praktische Anwendung.

Die Linienführung des klassischen Balletts richtet sich vor allem nach ästhetischen Forderungen, nimmt Rücksicht auf die Perspektive der Bühne; alle Bewegungen sollen im bestmöglichen Winkel zum Zuschauer stehen. Das heißt: die Positionen der Beine vorwärts, zur Seite und rückwärts und die Höhe der Beinführung richten sich nicht nach »anatomischen« Erkenntnissen. Die Beine sind auswärts gedreht, um ihre Form von der günstigsten Seite zu zeigen. Vieles wird von ästhetischem Wunschdenken bestimmt, und gleichzeitig vollzieht sich die praktische Arbeit in einer Atmosphäre strenger Disziplin.

Die Forderung nach »Ausrichtung« wird erhoben; d. h. gleiche Bewegungen werden verlangt trotz individuell unterschiedlicher Voraussetzungen!

Bedenkt man all das, ist festzustellen: Es »richtig machen«, kann in vielen Fällen bedeuten, man folgt den Regeln und Vorschriften; es »falsch machen« dagegen, man folgt den von der Natur gegebenen Voraussetzungen. So wäre das Fazit: Kunst ist nicht Natur! Gewiß! Allerdings bleibt die Frage: Welches sind die Risiken bei einer Veränderung des »Natürlichen«? Und: Sind wir uns ihrer bewußt und und auch bereit, sie hinzunehmen?

Auch Erläuterungen und Erklärungen, die im Rahmen der Pädagogik des künstlerischen Bühnentanzes gemacht werden, sollten oft als eine Bildsprache gesehen werden. Sie folgen Gewohnheiten und Traditionen, die wohl zunächst auch einen metaphysischen Ursprung gehabt haben können und mit der Zeit eine Art Jargon des Tanzes geworden sind, der kaum als eine anatomische oder physiologische Erklärung betrachtet werden kann. Wir können nicht verhehlen, daß man oft Erläuterungen findet, die sogar gefährliche Ratschläge enthalten: z. B. das »Bein von unten anzuheben«, d. h., wenn das Bein nach außen gedreht ist, würde es bedeuten: mit den auf der Beinrückseite befindlichen Muskeln! Und gerade sie sind es, die beim Anheben nachgeben sollen!

Ein anderes Beispiel: »Kraftvoll ausatmen unter Kontraktion«; Martha Graham versteht unter »contraction« das äußerste Ausatmen, unter »release« das Einatmen. Kontraktion verlangt ein Zusammenziehen der Wirbelsäule, eine Rundung nach hinten, während das Ausatmen überhaupt keine Bewegung zwischen den Wirbeln im Rücken erfordert, sondern eine aktive Magen-Bauch-Muskulatur und ein bewegliches Teilhaben des Brustkorbs und der Bindungen zwischen Rippen und Wirbeln.

7 Zehn Ratschläge an alle Tanzenden

Dieser Abschnitt geht sowohl den Unterrichtenden als auch den Lernenden an.

Bevor wir uns mit irgendeiner Technik beschäftigen, sollten wir uns zuerst ein Gesamtbild verschaffen, ein Gefühl für Tanz.

Doch ist es bei all diesen Bemühungen um ein Gesamtbild – wenn wir erst einmal begonnen haben, einen Tanzstil zu erlernen, der seine eigene Technik und Methodik entwickelt hat –, dennoch gut, sich zu Anfang auf gewisse anatomische Fakten zu konzentrieren, ehe wir an Ausdruck und Ästhetik denken, auch wenn dies später als das Wichtigste erscheint und von Anfang an zur direkten Imitation verlockt. Demgegenüber sollte aber der Zusammenhang mit Musik, Rhythmus, Tempo und Dynamik gleich zu Beginn des Studiums als Teil der eigentlichen Bewegung empfunden werden.

Die überkommene Gewohnheit des klassischen Tanzes, mit Übungen in stehender Stellung und mit dem Halt an der Ballettstange zu beginnen, ist wohl nach wie vor die am häufigsten praktizierte Art.

Auch im Fall, daß wir uns dem Tanz nicht auf diese nunmehr traditionelle Art nähern, sollte es bei allen zur Gewohnheit werden, vom Scheitel bis zur Sohle sich der Wahrnehmungen ihres Körpers bewußt zu werden, um Haltung und Beweglichkeit der einzelnen Gelenke zu kontrollieren.

Man muß verstehen, daß nicht alle Bewegungen ohne Risiko ausgeführt werden können. Viele Ansprüche an Kraft und Gelenkigkeit erfordern nicht nur Training, sondern auch bestimmte körperliche Anlagen. Oft betrifft dies Forderungen, die aus der professionellen Technik stammen, und die ja auch in unserem Kinder-, Jugend- und Amateurtanz oft verlangt werden.

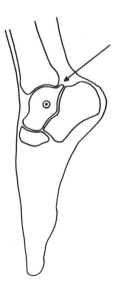

Hier einige Beispiele:

Nicht alle können im Seitenspagat »sitzen«, da der Bau der Hüftgelenke bzw. des Beckens nicht immer diese extreme Stellung zuläßt. Nicht alle können nach zwei Semestern Ballettunterricht mit dem Spitzentanz beginnen. Die Beweglichkeit des Fußgelenks, die eine völlige Streckung des Fußes ermöglichen soll, kann man nicht trainieren, wenn Knochen auf Knochen stößt, wie man es auf der Abbildung erkennt.

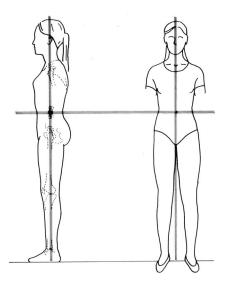

Dein Körper
ist eine
unregelmäßige
Säule.

Dein Körper
ist
symmetrisch.

1. Haltung

Man beginne, seine eigene Körperbalance zu finden, während man aufrecht steht! Wichtig ist, auf die eigene Konzentration zu vertrauen. Man stelle sich vor, daß der Körper eine unregelmäßige Säule ist; die Vorderseite ist anders als die Rückseite. Man versuche nicht, diese Unterschiede auszugleichen. Gleichzeitig mache man sich bewußt, daß der eigene Körper symmetrisch ist! Das Rückgrat bildet die Stütze der Mittellinie. Keiner von uns ist doch ganz symmetrisch. Man urteile nicht nur danach, wie man im Spiegel seine eigenen Konturen, seine Silhouette, sieht, man konzentriere sich darauf zu fühlen, wie Wirbel auf Wirbel wie auf einer Kette aufgereiht liegen, wie die einzelnen Gliederteile ihr Gleichgewicht finden. Wir werden kein Korsett benötigen, um den Rumpf aufrecht zu halten, und gleichzeitig das Gefühl des »Wachsens« zu haben! Unsere Muskeln sollten wie ein *»Korsett der Natur«* fungieren!

Es gilt, die rechte Einstellung zur Gravitation und die günstigste Schwerpunktverteilung zu finden. Wir können uns diese Schwerkraftlinie als Strich vorstellen, den man durch Ohr, Schulter, Hüftgelenk und Knie zur Fußsohle, etwas vor dem Ballen, zieht.

Wenn wir ein Bein anhebend bewegen, verlegen wir das Gewicht auf das Standbein. Die Stellung der Wirbelsäule verändert sich, das erfordert Beweglichkeit zwischen den Wirbeln: in diesem Fall eine Seitenbeugung. Eine gewisse Geschmeidigkeit der Wirbel ist also nötig, um das herrliche Gefühl der Schwerelosigkeit zu spüren, das eine gute Haltung erzeugt.

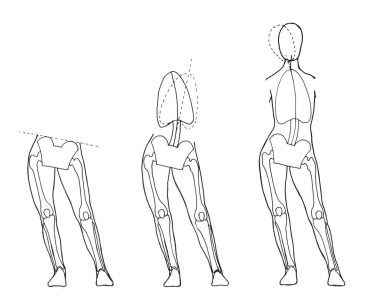

2. Wirbelsäule – Rücken

Wichtig für uns Tänzer ist auch, wie sich der Rücken am günstigsten bewegen läßt. Man stelle sich vor, die Wirbelsäule sei eine Einheit, wenn es um die aufrechte Haltung geht! In der Bewegung jedoch werden Hals, Brust, Lendenwirbelsäule und Becken selbständige Teile, die doch ineinander übergehen und gleichzeitig auch unterschiedliche Bewegungsbedingungen haben!

Der Hals ist der beweglichste Teil, dessen Bewegungen wir dämpfen sollten! Die Brustwirbelsäule ist am steifsten; wir werden jedoch das minimale Bewegungsvermögen nutzen, das auch diese Wirbel haben. Die Lendenwirbelsäule ist beweglich, aber es ist gut, wenn wir vermeiden, daß alle Bewegungsanforderungen nur an ihre fünf Wirbel gestellt werden! Das gilt insbesondere beim Rückwärtsbeugen sowie bei hohen Arabesken mit der Forderung einer beibehaltenen aufrechten Haltung des Oberkörpers.

Beim Rumpfdrehen sollte vornehmlich der Brustkorb gedreht werden. Seitenbeugung sollte am besten in den Brustkorbwirbeln beginnen und, wenn es die Tiefe verlangt, sich erst danach durch den Lendenrücken fortsetzen.

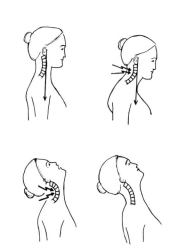

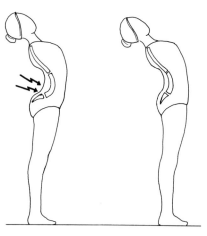

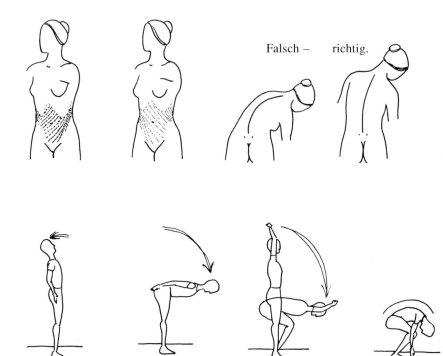

Falsch –   richtig.

Falsch,
du »schwankst«!

richtig:
Becken senken
und ein wenig
schieben, die
Schwerkraftlinie
fühlen!

Wir können, indem wir den Rücken »herunterrollen« (Wirbel um Wirbel, im Halswirbel beginnend), eine tiefe Lage erreichen. Auf diese Weise wird die »fall and recovery«-Bewegung vorbereitet.

91

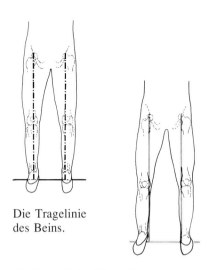

Die Tragelinie
des Beins.

Die Tragelinie fällt nach innen,
wenn wir breitbeinig mit parallelen
Beinen stehen. Drehen wir die Beine
etwas auswärts, können wir diese
Stellung auch in breiten Positionen
bewahren.

3. Das Bein

Man stehe mit fast parallel gesetzten Füßen, wie man es selbst am bequemsten empfindet! Man beuge die Knie, ohne die Fersen zu heben, fühle, daß die Knie direkt über den Füßen gebeugt werden, so daß das Fußgewölbe an der Innenseite nicht sinkt! Man fühle, wie man das Bein gleichsam im Hüftgelenk festhält! Man wiederhole dieselbe Bewegung in Auswärtsposition bei ca. 90 – 120°. Um sich des Hüftgelenks bewußt zu werden, kann man mit einem leicht gebeugten Bein pendeln, vorwärts und rückwärts, aber wirklich pendeln und nicht stoßen oder rucken! Man kann z. B. auch auf einem Bein stehen, das andere gebeugt anheben und nach innen und außen drehen!

Dann ist es natürlich wichtig, daß man die Füße nicht weiter auswärts stellt, als die Hüftgelenke es zulassen, so daß man die Positionen des Balletts von einer Auswärtsdrehung des ganzen Beines vom Hüftgelenk aus fühlt. Empfohlen sei, die bewußte Beherrschung der Hüftgelenke bei allen Bewegungen wahrzunehmen! Beim Beinheben und bei allen »Pliés«, d. h. Kniebeugungen.

4. Der Fuß

Die Füße sollten so auf dem Boden stehen, daß unser Gewicht auf die ganze Fläche der Sohle verteilt ist, die wir in 3 Punkten kontrollieren können, so daß das längsgerichtete Gewölbe nicht einsinkt und die Ferse, von hinten gesehen, gerade steht, daß die Fußsohlen als breit und entspannt empfunden werden! Im übrigen soll man sich bewußt sein, daß der Fersenteil der starke Teil des Fußes ist, gleichsam sein Stützpfeiler, daß es die Fersen sind, die zuerst den Boden verlassen, wenn wir gehen oder uns z. B. beim Sprung aus »demi-plié« erheben, daß der vordere Fußteil, die Zehenpartie, der geschmeidige Teil ist.

Für alle Tänzer ist es auch wichtig, zwei Gewölbe am Fuß zu spüren: ein längsgehendes an der Fußinnenseite und ein quergehendes unter dem Ballen! Es gilt, »den Fußboden zu bürsten«, d. h. unter gewissen Bewegungen (z.B bei allen Tendus) über den Boden hinzugleiten, so daß man ihn mit der Sohle fühlt! Dies ist ein altes Rezept des Balletts, das wir mit der asiatischen Bewegungsweisheit gemeinsam haben! *»Sohlen haben Augen«,* heißt es.

5. Der Arm

Man beginne, die Arme zu heben, gern auch nach den Regeln der Ballettpositionen. Der abgerundete Arm (wie in den Ballettpositionen) bildet die Kraftlage des Arms. Besonders beim Grundlagentraining sollte man darauf bedacht sein, dann und wann zu fühlen, daß man nicht die Nackenmuskeln spannt, wenn man den Arm bewegt oder ihn seitwärts hält, was ein üblicher Fehler ist! Man sollte nie mehr Kraft und Spannung in den

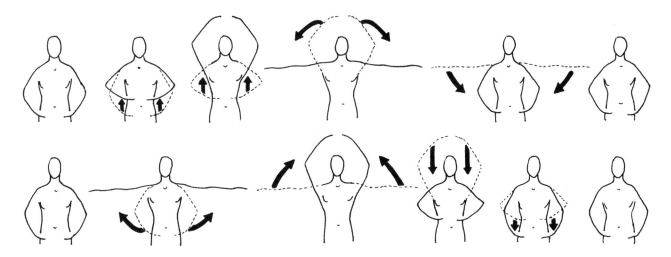

Arm- und Handmuskeln verwenden, als es deren eigenes Gewicht erfordert! Der zentrale Bewegungspunkt des Arms ist sein großes Kugelgelenk, die Muskeln, die für die Bewegung der Arme verantwortlich sind, haben ihren Ursprung am Rumpf, d. h. im Schulterbereich, am Brustkorb und an der Wirbelsäule. Die Schultern können auch an den Armbewegungen teilhaben und sie gleichsam vervielfachen.

Die phantasievolle Vielfalt der Bewegung und das dynamische Spiel zwischen Spannung und Entspannung, ebenso all die Möglichkeiten der Darstellung, die man durch Armbewegungen erreichen kann – man denke an den Flügelschlag der Schwäne! –, gehören zu jeder Choreographie. Man kann selbstverständlich diese Bewegungen auch während des Unterrichts probieren, aber sie gehören nicht zum Programm. Wichtig ist es, zu verstehen, daß die Ballettpositionen für die Arme nicht nur dogmatisch den stilistischen Regeln folgen, sondern eigentlich die Kraftlage bedeuten, die das Ballett des 17. und 18. Jahrhunderts einst von den Fechtübungen und dem Männertanz der höheren Stände übernommen hat.

6. Die Bewegungen der Hand
Während der Grundübungen setzt die Hand die Armlinie fort und folgt ihr; sie wird sozusagen im Handgelenk »aufrechterhalten«. Um die Geschmeidigkeit in allen Gliedmaßen der Hand und der Finger zu behalten, sollte man sich an eine Art Gymnastik für die Hände gewöhnen, die wirklich alle Gelenke in Anspruch nimmt!

7. »Plazierung«
Darunter versteht man eigentlich »Einstellung«, und diese »Plazierung« wird heutzutage von allen Trainingsmethoden angewendet, im klassischen

Ballett ebenso wie beim Modern Dance und beim Jazztanz. Es ist die Voraussetzung dafür, daß die Bewegungen richtig ausgeführt werden.

Richtige »Plazierung« in stehender Stellung bedeutet, daß der Körper gut balanciert ist, womit wiederum gemeint ist, daß das Becken in der individuell bestmöglichen Lage ruht, »plaziert« auf den Hüftgelenken, über Knie und Füßen, so daß die Wirbelsäule aufrecht steht, und man das Gefühl hat, man könne »wachsen«, wobei die Nackenmuskeln entspannt sind, die Bauchmuskeln indessen den Rücken stützen und die Gesäßmuskeln angespannt werden können.

8. 9. 10. Zeit, Raum und Kraft

Alle Tänzer sollten verstehen, daß die Begriffe Zeit, Raum und Kraft voneinander abhängen, zusammengehören und eine Einheit bilden! Eine erschöpfende Analyse ist im Rahmen unserer kurzen Darstellung nicht möglich. Wir begnügen uns daher mit einigen Gesichtspunkten:

Die Zeit: Das langsame Tempo sollte möglichst das schnelle vorbereiten, besonders beim Üben! Das Zählen bei der Bewegung darf nicht so dominierend sein, daß wir dabei das Ganzheitsgefühl verlieren, so daß die Bewegungen gleichsam gestückelt sind, abrupt werden und damit den Fluß und die endgültig gewünschte Dynamik nicht ahnen lassen, sogar durchbrechen!

Wir sollten zweckmäßigerweise die Bewegung als zusammenhängende Folge von Bestandteilen sehen und nicht als Summe unabhängiger Teilbewegungen. Das gilt in gleich hohem Maße auch dann, wenn die Bewegung fließend (legato) oder abrupt (staccato), langsam (adagio) oder schnell (allegro) sein soll. Wir müssen lernen, ganze Phrasen im Gedächtnis zu behalten, auch wenn sie Bewegungspausen einschließen. (Dies gilt für die einstudierte Bewegung, nicht für die improvisierte.)

Der Raum: *Ebenso wichtig, wie eine richtige Vorstellung von der Zeit zu haben, ist es, den Raum zu erleben, in dem man sich bewegt!* Mit dem Begriff »Raum« ist der Platz gemeint, über welchen der Tanzende verfügt: ein Saal, die Bühne, auch ein Platz im Freien, eine Wiese, ein Marktplatz, eine Tribüne.

Man versuche, sich zunächst im Raum oder auf dem Platz umzusehen, ehe man sich bewegt! Man erfühle den Abstand zu den übrigen Tänzern oder zu gewissen Gegenständen, auch die Richtungen, die die Schritte einschlagen können. Man begrenze oder erweitere die eigenen Bewegungen und die Schrittlänge, man beurteile das Maß der Bewegung im Verhältnis zu Raum und Zeit.

Die Raumeinteilung des klassischen Balletts nimmt auf die Perspektive der Bühne Rücksicht, ebenso auf die Einstellung der verschiedenen Körperteile, und zwar sowohl im Raum als auch im Verhältnis zueinander (vgl. Bild oben).

Die Beschreibung der Ständetänze und der Volkstänze kennzeichnet die Fläche des Bodens, auf dem die Schritte ihre wenn auch imaginären Spuren hinterlassen (s. Bild Mitte).

Die Pioniere des Modern Dance aber fügten auch verschiedene Höhenebenen hinzu, die vom einzelnen oder mehreren Körpern ausgefüllt werden kann (vgl. Bild unten). Sie konzentrierten sich auf die Bewegungsmuster, die unsere Arme, Beine und der Rumpf, ja der ganze Körper, im Raum abzuzeichnen scheinen und die nur in dem kurzen Augenblick sichtbar werden, wenn die Bewegung selbst ausgeführt wird!

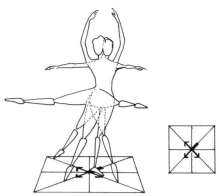

Die Kraft: *Der eigentliche Krafteinsatz bestimmt und nuanciert natürlich alle unsere Bewegungen.* Besonders deutlich wird das Bedürfnis, den Krafteinsatz zu beurteilen, bei allen *extremen Anforderungen*, die bei komplizierten Pirouetten, hohen Sprüngen usw. gestellt werden, aber auch dann, wenn es um statische Momente geht: um Pausen, um Stillstand in schwierigen Stellungen oder um komplizierte, weite Bewegungen, die in sehr langsamem Tempo ausgeführt werden. Die Kraft kann auch ein Mittel sein, um unsere Gefühle auszudrücken. Durch Kontraste von Muskelanspannung und -entspannung können wir Mut oder Entmutigung, Energie oder Müdigkeit verdeutlichen! Wir können bei Erklärungen Hilfe finden, indem solche Begriffe wie legato bis staccato, piano bis forte, pianissimo bis fortissimo verwendet werden. Wichtig ist es, die dynamischen Varianten zu kennen, die entstehen, wenn die Bewegung eine unterschiedliche Qualität erhalten soll! Rudolf von Laban bezeichnete diese Bewegung mit differenzierenden Verben, mit »werfen, führen, hinwerfen, stoßen, zittern, pendeln, gleiten, schleichen, stampfen, kriechen, hopsen, springen« usw.

8 Begriffliche Erläuterungen

Hier folgen einige Erklärungen zu Begriffen; sie sollen die Kapitel 4 – 7 vervollständigen helfen.

Anatomie
Lehre vom inneren Bau der Lebewesen, insbesondere des Menschen
anatomisch richtig
in Übereinstimmung mit den Grundsätzen der Anatomie
Physiologie
Lehre von den normalen Lebensvorgängen der Organismen
Organ
Teil der Lebewesen, mit bestimmten Aufgaben; Sinneswerkzeug
organisch richtig
Verwendung des Organs in Übereinstimmung mit dessen Bau und speziellen physiologischen Aufgaben
koordiniert
1. gleichwertig nebeneinandergestellt. 2. automatisches Funktionieren des gewünschten Verhältnisses von »Spannung-Entspannung«
isolieren
lokalisieren; bewußt sowohl die Bewegung wie den Bewegungswiderstand bestimmen
funktionelle Bewegung
die praktischste Bewegung für eine gegebene Funktion
korrektive Bewegung
Sie hat das Ziel, die Bewegungsfähigkeit zu verbessern oder wieder herzustellen. Es geht hierbei auch um das organische, allgemeine Bewegungsvermögen, nicht nur um das tänzerische.
instruktive Bewegung
gehört als ein Bestandteil zum eigentlichen Lernprozeß
choreographische Bewegung
komponierte, konstruierte Bewegung(bezieht sich auf Tanzbewegungen aller Stilrichtungen)
rituelle Bewegung
ist rituellen Vorstellungen untergeordnet, gehört zu den Ritualen
die Schwerkraft, Gravitation
Diejenige Kraft, mit welcher die Erde einen Körper anzieht.

das Schwerkraftgesetz
Gesetz über das Wirken der Schwerkraft auf einen Körper

Schwerkraftpunkt
Massemittelpunkt

die Schwerkraftachse
Diejenige Linie, die den Schwerkraftpunkt eines Körpers enthält.

Balance, balancieren
im Gleichgewicht halten; ein Körpergewicht gegen ein Körpergewicht aufwiegen; ausgleichen

Gleichgewichtssinn
Sinnesorgan, durch welches die Stellung des Körpers entsprechend dem Wirken der Schwerkraft ins Gleichgewicht gebracht wird.

kinästhetischer Sinn
Muskelsinn; wird auch Proprioception genannt. Dieser unser verborgener »sechster« Sinn wirkt kontinuierlich, ständig, aber unbewußt. Er umfaßt den sensorischen Fluß in unseren beweglichen Teilen, den Muskeln, Sehnen und Gliedern, kontrolliert deren Lage, Entspannung und Bewegung; all dies im Zusammenwirken mit dem Balancesinn und dem Sehen. Einmal antrainiert, kann er ganz selbständig funktionieren.

Perception
Wahrnehmung; einer Empfindung einen Inhalt geben

Proprioception
Muskelsinn; Vermögen, zu empfinden, in welcher Stellung sich die verschiedenen Körperteile gerade befinden, sowohl im Stillstand als auch in der Bewegung. »Ein Körperbild besitzen!« (Oliver Sax)

Reaktionszeit
Diejenige Zeit, die vergeht, ehe man ein bereits bekanntes Signal beantwortet.

»Plazieren«
Bei bewußtem Wahrnehmen der Schwerkraft: Einstellen der verschiedenen Körperteile im Verhältnis zueinander, so daß sowohl statische Stellungen als auch Bewegungen auf zweckmäßigste Weise ausgeführt werden können. Richtige »Plazierung« steht in Relation zu zweckmäßigem Kraftverbrauch.

Raumgefühl
In erster Linie geht es um die Orientierung im Raum; es kann auch das Verhältnis zwischen mehreren Personen zueinander und zu einem Zuschauer oder einer Kamera gemeint sein. Raumgefühl in gesteigerter Bedeutung bezieht sich auch auf die Relation der verschiedenen Körperteile zueinander und zu den unterschiedlichen Dimensionen des Bodens und des Raumes überhaupt.

Stil
Bezeichnende, charakteristische Ausdrucksformen einer bestimmten Zeitepoche

Guter Stil
Der jeweiligen Funktion angepaßt und gleichzeitig organisch richtig

Uniformität
Das Streben, trotz ungleicher Voraussetzungen gleiche Bewegungen zustandezubringen.

Metapher
Bildlicher Ausdruck. Eine gewisse Ähnlichkeit muß stets zwischen der bildlichen Sprache, der Metapher und demjenigen da sein, was sie zu beschreiben sucht. In der Tanzkunst und Tanzpädagogik werden überaus viele Metaphern verwandt, sowohl durch Bewegungen und Formen als auch verbal ausgedrückt, um die Bewegung, deren Stimmung, Absicht und Bedeutung, vor allem während des Erlernens, zu beschreiben.

Symbol
Sinnbild, Zeichen, spielt in jeglicher Kunst eine enorme Rolle; wir kennen überkommene Zeichen, wie z. B. das Kreuz für das Christentum, und aktuelle Zeichen, die sich stets erneuern oder erst entstehen können.

Unterbewußtsein, das Unterbewußte
Psychologische Erfahrungen und Wahrnehmungen von Personen in Hypnose oder Trance beweisen, daß wir ein Unterbewußtsein oder ein unbewußtes Seelenleben haben. Das Unterbewußte spielt eine wesentliche Rolle im künstlerischen Schaffensprozeß.

Trance
Dämmerzustand, oft hervorgerufen durch eine exaltierte Sinnessituation oder durch Hypnose

Ekstase
Verzückung; psychischer Ausnahmezustand mit eingeschränktem Bewußtsein

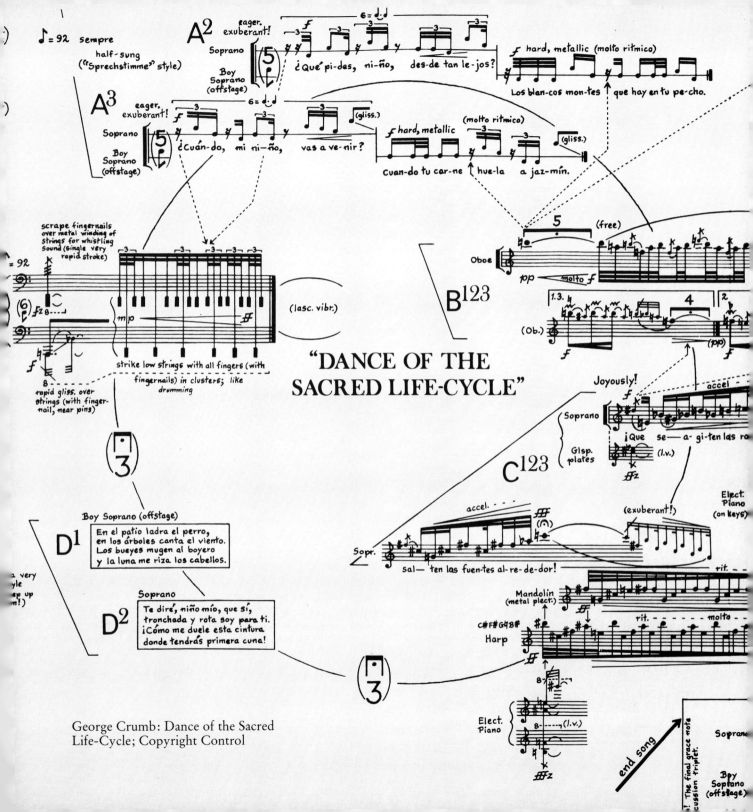

"DANCE OF THE SACRED LIFE-CYCLE"

9 Musik

ganze Note   halbe Noten

Vierviertelnoten

Achtelnoten

ganze Pause

halbe Pause

Viertelpause

Achtelpause

BEISPIELE FÜR TAKTARTEN:
gleiche Taktarten

ungleiche Taktarten

Gewöhnlich pflegt man Musik unter drei Aspekten zu analysieren: Die *Melodie* ist eine Serie von Klängen, der *Rhythmus* die Verteilung der Klänge in der Zeit, die *Harmonie* das gleichzeitige Erklingen mehrerer Töne. Ein solches Bild von der Musik ist natürlich nicht zufriedenstellend, denn in der Praxis ist es ja gerade das Zusammenwirken all dieser Elemente und noch viel mehr, wodurch unsere Sinne beeinflußt werden.

Rhythmus darf in diesem Zusammenhang nicht mit Takt, Tempo oder Pulsschlag verwechselt werden. Der Pulsschlag stellt sich hier als eine regelmäßige Folge von Schlägen dar, um den herum sich die Rhythmen organisieren. Die Geschwindigkeit dieses »Pulses« nennen wir Tempo. Unterschiedliche Taktarten entstehen für unsere praktischen Bedürfnisse, wenn wir die Schläge in der Notation festhalten. (s. Schema)

TAKT = Zeiteinteilung   RHYTHMUS = Zeitverteilung

Wenn man von Harmonie im Zusammenhang mit dem Tanz spricht, so erhalten Begriffe wie Konsonanz und Dissonanz eine spezielle Bedeutung. Konsonanzen, angenehme Intervalle, können als zusammen passende, harmonische Stimmungen mit der Entspannung in der Bewegung verglichen werden! Dissonanzen, härter und rauher klingende Intervalle, können mit Körperanspannung in Beziehung gebracht werden! Dabei sollte man jedoch beachten, daß diese Auffassung von Konsonanz und Dissonanz ganz relativ ist und sich in der Musikgeschichte verändert hat. Das Interessante, sowohl vom Standpunkt des Tanzes als auch vom Musikrhythmus aus betrachtet, ist gerade die Dramatik, die im Kontrast zwischen ihnen liegt.

Aber Musik ist viel mehr als nur die Summe dieser Bestandteile. Ebenso wichtig, nicht zuletzt im Verhältnis Musik-Tanz, sind die folgenden Elemente:

Dynamik, starke oder schwache Dynamik, das Spektrum dazwischen: (crescendo und decrescendo), gar nicht zu reden von den Pausen; *Artikulation,* Phrasierung, Betonung; *Klang,* die Qualität des Tones auf unterschiedlichen Instrumenten; *Struktur* (Textur), kompakte oder spröde, schwere oder leichte Struktur, viele oder wenige Stimmen gleichzeitig.

Wenn man als Tänzer oder Musiker, Choreograph oder Komponist das alles wirklich versteht, dann können Kräfte entstehen, die beste Möglichkeiten bieten, einen Dialog im Geiste des Modern Dance zu entwickeln.

Historische Zusammenhänge

Die Musik in der Entwicklung des freien Tanzes sollte das Tanzgeschehen nicht länger nach den üblichen Regeln organisieren; vielmehr wurde eine Art Dialog angestrebt, bei dem die Mitwirkenden zum Beispiel wechselweise hervortreten und gleichzeitig reden und zuhören konnten. Viele unterschiedliche Methoden sind erprobt worden, um hier ein wirkungsvolles Verhältnis zu erreichen.

Der Schweizer Musikwissenschaftler Dalcroze entwickelte um die Jahrhundertwende ein System, nachdem man Bewegung auf Musik beziehen kann, indem man Taktschläge und rhythmische Muster in Körperbewegungen übersetzt. All das tat er in dem Bestreben, die Konzentration auf den Körper zu erhöhen und zu trainieren. Interessant ist dabei, wie viele Anhänger des frühen Modern Dance Dalcroze-Eleven waren.

Die Amerikanerin Isadora Duncan ließ sich ganz und gar von der Musik inspirieren und konnte so in intensiven Tanzschöpfungen ihre inneren Erlebnisse vermitteln. Zu den Kompositionen, die sie verwendete, gehörten Johann Strauß' »An der schönen blauen Donau«, Mendelssohns »Lieder ohne Worte«, Chopins »Revolutionsetüde«, Wagners »Tannhäuser« und auch die Marseillaise.

Nachdem die deutsche Tänzerin Mary Wigman die Ausbildung bei Dalcroze absolviert und anfangs zu Walzermelodien getanzt hatte, ging sie eine Zeitlang einzig und allein von der Körperbewegung aus. Später verwendete sie einfache Melodieinstrumente und Schlagwerk. Das tat sie vor allem, um nicht ganz von der Musik beherrscht zu werden und um absolutere choreographische Formen zu suchen.

Bei Doris Humphrey und Martha Graham in der sogenannten zweiten Generation des Modern Dance gelten, wie wir sahen, durchaus dieselben Regeln. Humphrey legte Choreographien zu bekannten klassischen Werken von Bach, Chopin, Britten u. a. vor, aber sie hatte in aller Stille die Möglichkeiten des Körpers erforscht. Der Körper selbst wurde ein Rhythmusinstrument: Fußstampfen gehörte ebenso dazu wie das Schlagen der Hände auf den Körper in unterschiedlichen Rhythmusmustern. Man beachte, daß das Sichtbarmachen einer bereits geschriebenen Komposition nach Humphreys Regeln allein nicht gutgeheißen wurde. Dennoch benötigte die Choreographie eine Struktur und Phrasierung. Martha Graham arbeitete lange Zeit mit dem Pianisten und Komponisten Louis Horst zusammen. Nach 1943 verwendete sie fast ausschließlich bestellte Arbeiten von bedeutenden modernen Komponisten, u. a. von Cowell und Dello Joio.

Als Merce Cunningham mit seinen choreographischen Experimenten begann, die von zufälligen oder wissenschaftlichen Geschehnissen bestimmt wurden, fand er einen perfekten musikalischen Partner in dem USA-Komponisten John Cage. Zusammen erprobten sie die Grenzen des Zufallseffekts und des Wissenschaftlichen im Tanz, in Bewegungen und Klängen.

Gegenwärtig, in der vierten und fünften Generation, wird alles von neuem erprobt und durchgespielt. Die Musik kann jetzt von der stimmungschaffenden Klangkulisse bis hin zur durchkomponierten Begleitung des Tanzes einfach alles sein.

Das folgende Verzeichnis von Komponisten ist möglicherweise eine Inspirationsquelle für den, der eine passende Musik zu Improvisationen, Choreographien oder Selbststudien sucht:

Rudolf von Laban schrieb in den fünfziger Jahren:

»Den Weg der Evolution und der Entwicklung bin ich in umgekehrter Richtung gegangen. Vor vierzig Jahren gestaltete ich Choreographien ohne musikalische, geschweige denn rhythmische Begleitung …

Später habe ich nur Schlagwerke verwendet. Mein nächster Versuch bestand darin, für meine Ballette speziell komponierte Musik zu bestellen. Aber später habe ich bekannte Ballette zu bereits fertig vorliegender Musik inszeniert.«

Ältere klassische Musik

Frescobaldi, Girolamo	Purcell, Henry
Bach, Johann Sebastian	Rameau, Jean-Philippe

Musik des 20. Jahrhunderts

Bartók, Bela	Honegger, Arthur	Prokofjew, Sergej
Chavez, Carlos	Ives, Charles	Ravel, Maurice
Copland, Aaron	Kabalewski, Dmitri	Satie, Erik
Falla, Manuel de	Milhaud, Darius	Skrjabin, Alexander
Gershwin, George	Mompou, Frederico	Varése, Edgar
Hindemith, Paul	Poulene, Francis	Webern, Anton

Zeitgenössische Musik

Berio, Luciano	Hovhaness, Alan	Riley, Terry
Cage, John	Messiaèn, Oliver	Stockhausen, Karlheinz
Cowell, Henry	Moondog	Subotnick, Morton
Crumb, George	Ligeti, György	Takemitsu, Toru
Glass, Philip	Reich, Steve	

Auch in der modernen Jazz- und Rockmusik gibt es natürlich eine Reihe von Musikern und Gruppen, die mit ihrer Musik zum Klangbild des Modern Dance beitragen können.

10 Literaturverzeichnis

Folgende Liste enthält Buchtitel, die von Interesse sind für denjenigen, der sich mit der Geschichte des Modern Dance und seinen Ausdrucksformen vertiefend beschäftigen möchte. Teilweise sind die Titel noch im Handel zugänglich, andere nur noch antiquarisch oder in Bibliotheken. Das Tanzmuseum Stockholm verfügt über eine umfassende Bibliothek und eine einzigartige Tanzliteratur-Sammlung, u. a. auch das Tanzarchiv der Akademie der Künste, Berlin in Leipzig.

Åkesson, Birgit. *Die Masken der Quelle.* Afrikanische Riten und Tänze, Atlantis 1983

Banes, Sally. *Terpsichore in Sneakers. Post modern dance.* Houghton Mifflin Company, 1980

Boman, Birgit. *Isadora und der schwedische Kindertanz.* Eigenverlag, 1986

Borghäll, Johan. *Laban-Kompendium.* Studiefrämjandets Riksförbund, o.J.

Bülow, Gerda von. *Was ist Rhythmik?* AB Nordiska Musikförlaget, Edition Wilhelm Hansen, 1974

Cheney, Gay. *Modern Dance.* Allyn & Bacon, 1969.

Bedingungen der Tanzkunst. Kulturpolitische Debatte, 9. Staatlicher Kulturrat, 1983. Artikel von Ivo Cramér, Birgit Cullberg, Horace Engdahl und Margareta Åsberg

Dropsy, Jaques. *Livre dans son caps* (In seinem Körper leben) Natur och Kultur, 1987

Duncan, Irma. *The Technique of Isadora Duncan.* New York, 1980.

Duncan, Isadora. *My life* Alfabeta, 1986.

Engdahl, Horace. *Swedish Ballet and Dance – A Contemporary View.* Svenska Institutet, 1984.

Fous de danse. Autrement, Paris 1983 (Artikelserie)

Goldberg, Rosalie. *Performance Art: From Futurism to the Present.* Thames & Hudson, 1988

Günther, Helmut. *Jazz Dance.* Geschichte/Theorie/Praxis, Henschelverlag, 1980

Haxthausen, Margit/Leman, Rhea. *Entspannung – Ausdruckstanz*. Stenströms bokförlag, 1987

Humphrey, Doris. *The Art of Making Dances*. Dance Books Ltd., 1969

Humphrey, Doris. *Die Kunst, Tänze zu machen*. Henschelverlag, 1986

Karina, Lilian. *Der Tanz, der Körper, die Bewegung*. Anatomie und Bewegungskunde. Prisma, 1979

Karina, L./Kozlovsky, N./Svedin, L. *Klassisches Ballett*. Analyse und Methodik. Prisma, 1982

Karlsson, Ingemar/Ruth, Arne. *Die Gesellschaft und das Theater*. Liber, 1984

Laban, Rudolf von. *A Life for Dance*. MacDonald & Evans Ltd., 1975

Laban, Rudolf von. *Des Kindes Gymnastik und Tanz*. Gerhard Stalling AG, 1926

Laban, Rudolf von. *Die Welt des Tänzers*. Verlag Walter Seifert, 1920

Laban, Rudolf von/ Ullman, Lisa. *Modern Educational Dance*. MacDonald & Evans, 1975

Livet, Anne. *Contemporary Dance*. Abbeville Press Inc., o. J.

Loesch, Ilse. *Mit Leib und Seele*. Erlebte Vergangenheit des Ausdruckstanzes, Henschel Verlag, 1990

Mazo, Joseph H. *Prime Movers; The Making of Modern Dance in America*. Adam and Charles Black Ltd., 1977

McDonag, Don. *The Rise and Fall and Rise of Modern Dance*. Outerbridge & Lazard, 1970

Morrison-Brown, Jean. *The Vision of Modern Dance*. Dance Books Ltd., London 1980

Müller, Hedwig. *Mary Wigman*. Quadriga Verlag, 1986

Näslund, Erik. *Birgit Cullberg*. Norstedts, 1978

Niehaus, Max. *Isadora Duncan. Leben. Werk. Wirkung*. Henschelverlag, 1981

Richter, Hans. *Dada, Art and Anti-Art*. Thames & Hudson, 1978

Servoes, Norbert. *Pina Bausch – Wuppertaler Tanztheater*. Ballett-Bühnenverlag, 1984

Setz dich hin und lächle. Tanztheater von Pina Bausch. Prometh-Verlag, 1979

Sorell, Walter. *Mary Wigman im Vermächtnis*. Florian Noetzel Verlag, 1986

Steinberg, John/Borghäll, Johan. *Kommunikation durch Bewegung*. Liber utbildningsförlaget, 1982

Stewart, V. *Modern Dance*. Dance Horizon, 1970

Wardetzky, Jutta. *Theaterpolitik im faschistischen Deutschland*. Studien und Dokumente. Henschelverlag, 1983

Wigman, Mary. *Die Sprache des Tanzes*. Ernst Battenberg Verlag, 1986

Wolf/Dieter/Dube. *The Expressionists*. Thames & Hudson, 1985

Videofilme

Tanz läßt sich natürlich auf sehr vorteilhafte Weise per Video studieren. In Deutschland empfiehlt sich das Deutsche Tanzfilminstitut Bremen. Das Stockholmer Tanzmuseum verfügt über ein Archiv, das über 600 Kasetten mit Tanzbeispielen aus der ganzen Welt enthält. Man findet dort moderne und klassische wie traditionelle afrikanische, indische und chinesische Tanzbeispiele. Es gibt auch eine Tanzvideo-Sammlung der UNESCO.

Hier folgen einige Beispiele für Videofilme aus diesem Archiv.

Bausch, Pina. *Repères sur la modern danse; World Theatre Festival 1981.*

Bruce, Christopher. *Intimate Pages; Lonely Town, Lonely Streets.*

Buirge, Susan. *Les yeux de Mathieu.*

Carlson, Carolyn. *This, That and Other; Blue Marine.*

Clair, René m fl. *Entr'acte.*

Clarke/Blaska. *Danse, Dance, Tanz.*

Cullberg, Birgit. *Fräulein Julie; Adam und Eva; Roter Wein in grünen Gläsern; School for Wives.*

Fenley, *Molissa.*

Gallotta, Jean-Claude. *Fragment d'une nuit; Daphnis et Chloé m fl.*

Gordon, David m fl. *Making Dances.*

Graham, Martha. *Clytemnestra; Martha Graham Dance Company.*

Humphrey, Doris. *Air for the G-string; With My Red Fire.*

Ikeda, Carlotta. *Hime.*

Jooss, Kurt. *Big City; Dixit Dominus; Der grüne Tisch.*

Kylian, Jiri. *Staming Ground; Stoolgame; Verklärte Nacht.*

Lindholm, Greta. *Die leise Stimme.*

Marin, Maguy. *Babel-Babel.*

Mirobushi/Ikeda, Carlotta. *Butodans.*

Müller, Jennifer. *Jennifer Müller and the Works.*

Nikolais, Alwin. *Nik-Experience in Sight and Sound.*

Opatowsky, Osnat. *Genesis.*

Philobolus. *Philobolus Dance Theatre; Moses Pendleton.*

Pomarès, Jean. *Chromique m. fl.*

St. Denis, Ruth. *Ruth St. Denis.*

Svenska baletten i Paris.

Taylor, Paul. *Junction.*

Tharp, Twyla. *Making Television Dance; Catherine Wheel.*

Tomplins, Mark. *Entre eux.*

Wigman, Mary. *Mary Wigman dansar; Hexentanz.*

Yano, Hideyuki. *MA-danse rituel theatre.*

Åkesson, Birgit. *Öga: Schlaf im Traum.*

Åsberg, Margareta. *Margareta Åsberg und die Pyramiden; Organum.*

11 Personenregister

A

Aikens, Vanoye 15
Ailey, Alwin 58
Alexandrowa, Vera 11, 60
Algo, Julian 13
Åkesson, Birgit 13, 15, 64, 65, 66, 69
Åsberg, Margareta 15, 65, 69

B

Bacelly 8
Bach, Johann Sebastian 101
Balanchine, George 59
Banes, Sally 67
Bausch, Pina 52, 72, 73, 74
Behle, Anna 11
Béjart, Maurice 59, 61
Berber, Anita 39
Bergqvist, Ulf 7
Bernstein, Leonard 58
Blaß, Ernst 34
Blomdahl, Karl-Birger 15, 65
Bodenwieser, Gertrud 12, 37
Bohner, Gerhard 54, 71
Bonniér, Olle 65
Bruce, Christopher 60, 63
Brecht, Bertolt 41
Britten, Benjamin 101
Brosset, Yvonne 65
Brown, Trisha 68
Buirge, Susan 73

C

Cage, John 13, 55, 102
Carlson, Carolyn 73
Cassel, Lalla 13
Cébron, Jean 15, 60
Childs, Lucinda 68

Chladek, Rosalie 14
Chopin, Frederic 22, 101
Chopinot, Régine 74
Cowell, Henry 102
Cramér, Ivo 13, 15, 60, 61, 63, 64
Cranko, John 64
Cullberg, Birgit 13, 15, 41, 60, 61, 62, 63, 64, 69
Cunningham, Merce 13, 15, 49, 55, 56, 57, 60, 62, 67, 68, 73, 83, 102
Cuntz, Rolf 14, 42
Curie, Marie u. Pierre 21, 30

D

Delius, R. 34
Delsarte, François 11, 18, 19, 20, 22, 24
Denis, St., Ruth 9, 11, 19, 23, 24, 25, 48
Derp-Sacharoff von, Clotilde 9
Dix, Otto 39, 40, 41
Djagilew, Serge 10
Dubois, Emile 74
Duchamps, Marcel 31, 38
Duncan, Irma 23
Duncan, Isadora 8, 9, 10, 11, 12, 19, 22, 23, 24, 28, 38, 48, 76, 83, 85, 87, 101
Dunham, Katherine 13, 58
Dunn, Robert 68
Dunn, Judith 68
Duras, Marguerite 69

E

Einstein, Albert 30, 55
Ek, Mats 15, 63, 66
Engelhard, Trude 13

F

Fabre, Jan 74
Falk, Gabo 11
Falk, Jeanna 11, 60
Fears, Clifford 15
Fischer-Klamt, Johannes 14, 42
Foregger 14
Forsythe, William 73
Forti, Simone 68
Fokin, Michail 10, 11, 23
France, Anatole 22
Frank, Edgar 13
Freud, Siegmund 13, 20, 29, 30, 43, 48
Fuller, Loie 11, 19, 20, 21, 23, 24

G

Gadd, Ulf 15, 67
Galotta, Jean-Claude 74
Gerhard, Karl 61
Gluck, Christoph Willibald 22
Goebbels, Josef 41, 42
Goleisowski 14
Gordon, David 68
Goud, Sven Eric 67
Goya, Francisco 40
Graham, Martha 13, 24, 48, 49, 51, 55, 56, 57, 59, 60, 62, 68, 69, 76, 78, 82, 83, 84, 88, 101
Grahn, Tonia 13
Grosz, George 39, 40
Gsovsky, Tatjana 14, 15
Gsovsky, Victor 14

H

Häger, Bengt 7, 13, 15
Häger, Lilavati 7
Håkansson, Susanne 15, 72

Halprin, Anna   13, 67
Hamilton, Lady   8
Hawkins, Erick   7, 49, 57
Hay, Deborah   68
Heartfield, John   41
Hess, Rudolf   33
Hideynki, Yano   74
Hijikata, Tatsumi   74
Hitler, Adolf   33, 42
Hodler, Ferdinand   32
Hoffmann, Reinhild   52, 73
Holm, Hanya   47, 51, 56
Holmgren, Bförn   65
Homer   18, 29
Horst, Louis   48, 49, 56, 57, 102
Horton, Lester   57
Hoving, Lukas   15, 60
Hoyer, Dore   59
Humphrey, Doris   13, 24, 49, 50, 51,
    52, 56, 57, 78, 82, 83, 101

I
Ikeda, Carlotta   74
Impekoven, Niddy   17
Isaksson, Mats   15
Issatschenko, Clawdia   14

J
Jaque-Dalcroze, Emile   10, 11, 12,
    14, 19, 20, 26, 27, 29, 31, 46, 60,
    83, 101
Johansson, Ronny   9, 11
Joio, Dello   102
Johns, Jaspar   55
Johnsson, Per   15, 63, 71, 72
Joos, Kurt   12, 13, 15, 36, 38, 39,
    40, 41, 43, 46, 52, 53, 59, 60, 64,
    72, 87
Jung, C. G.:   13, 20, 48
Juku, Sankai   74

K
Kajfes, Davor   7
Kandinsky, Wassili   12, 38, 41, 45
Karina, Lilian   15, 26, 61
Keersmaeker De, Anne Teresa   74
Keybus von der, Wim   74

Kilian, Jiri   59, 60, 63, 64
Kirchner, Ernst-Ludwig   37
Klamt, Jutta   14, 84
Klee, Paul   38, 45
Knaust, Albrecht   46, 87
Kreutzberg, Harald   12, 54, 57
Kröller, Heinrich   11
Külper, Anne   15, 72
Kvarnström, Kenneth   15, 72

L
Laban von, Rudolf   12, 14, 19, 20,
    26, 27, 28, 29, 30, 31, 33, 34, 35,
    36, 38, 40, 41, 42, 43, 44, 45, 46,
    47, 52, 58, 73, 76, 78, 83, 85, 87,
    95, 102
Lang, Pearl   57
Larrieux, Daniel   74
Leeder, Sigurd   15, 40, 52, 60, 64
Lidholm, Ingvar   65
Lieschke, Marie-Luise   41
Lilja, Efva   15, 65, 71, 72
Limón, José   15, 50, 51, 52, 57, 72,
    83
Lindegren, Erik   65
Lindell, Lage   65
Lindén, Åsa   7
Lindholm, Greta   65
Linke, Susanne   52, 73
Lukin   14
Lundqvist, Eva   15, 69, 70
Louis, Murray   57

M
Mandela, Nelson   44
Manen van Hans   59, 64
Marés de, Rolf   11, 13
Marin, Maguy   74
Matisse, Henri   32, 37
Medina, Maria   10
Mendelssohn-Bartholdy, Felix   101
Monk, Meredith   68
Mondrian, Pieter Cornelis   45
Müller, Hedwig   42
Müller, Heiner   69
Munch, Edvard   32

N
Neumeier, John   64
Nicks, Walther   15
Nietzsche, Friedrich   45
Nikolais, Alwin   13, 47, 56, 57, 68,
    73
Nishinski, Vaclav   12
Noverre, Jean-George   10, 28, 64

O
Orff, Carl   14
Orlando, Marianne   65

P
Palucca, Gret   12, 15, 16, 36, 53, 60
Pawlowa, Anna   10
Paxton, Steve   68
Perottet, Suzanne   12, 38
Piscator, Erwin   41
Platon   29
Pomarès, Jean   74
Portefaix, Loulou   65
Puvigné   8

R
Rainer, Yvonne   68
Rauschenberg, Robert   13, 55
Rohde, Lennart   65
Richter, Hans   31
Robbins, Jerome   13, 15, 58, 59
Rodin, Auguste   22
Roman, Gun   7
Röntgen, Wilhelm   30

S
Sacharoff, Alexander   12
Sallé, Maria   10, 28
Saporta, Karine   74
Schlemmer, Oskar   54
Schneider, Monika   7
Schoop, Trudi   12
Schubert, Franz   22
Schubert, Lia   15
Schule, Günther   14
Shawn, Ted   19, 23, 25, 48
Skoronel, Vera   16
Stebbin, Geneviève   19

Steiner, Rudolf 10, 19, 20, 28, 29,
    33, 38, 43, 45
Strauß, Johann 101
Strawinsky, Igor 12
Strindberg, August 13

T
Taeuber, Sophie 38
Talvo, Tyyne 64
Tanaka, Min 74
Taylor, Paul 49, 57, 68
Tharp, Twyla 68

U
Ullmann, Lisa 46, 87

V
Valeska, Gert 12, 38, 39
Verret, François 63, 74
Vestris 8
Vigano, Maria 8
Vigano, Salvatore 10

W
Warhol, Andy 13, 55
Wagner, Richard 22, 101
Weidmann, Charles 49, 50, 51, 52,
    56
Weidt, Jean 12, 25, 40, 41
Wiesenthal, Grete 11, 86

Wigman, Mary 11, 12, 13, 16, 17,
    19, 25, 26, 27, 28, 29, 30, 31, 32,
    33, 34, 35, 36, 37, 38, 41, 42, 43,
    46, 47, 48, 53, 56, 59, 60, 64, 73,
    76, 84, 87, 101
Wyssotzki, Wladimir 44

Die in den Verzeichnissen (ab Seite 102) aufgeführten Namen sind im Register nicht gesondert erfaßt.